国宏智库丛书（2020）

构建垄断环节现代化价格规制体系

杨 娟 等著

中国计划出版社
北 京

图书在版编目（CIP）数据

构建垄断环节现代化价格规制体系 / 杨娟等著. --
北京 : 中国计划出版社, 2020.11
（国宏智库丛书. 2020）
ISBN 978-7-5182-1253-8

Ⅰ. ①构… Ⅱ. ①杨… Ⅲ. ①垄断行业－物价管理－
研究－中国 Ⅳ. ①F726.2

中国版本图书馆CIP数据核字(2020)第217283号

国宏智库丛书（2020）
构建垄断环节现代化价格规制体系
GOUJIAN LONGDUAN HUANJIE XIANDAIHUA JIAGE GUIZHI TIXI
杨 娟 等著

中国计划出版社出版
网址：www.jhpress.com
地址：北京市西城区木樨地北里甲11号国宏大厦C座3层
邮政编码：100038 电话：(010) 63906433（发行部）
新华书店经销
北京虎彩文化传播有限公司印刷

787mm×1092mm 1/16 11.5印张 157千字
2020年11月第1版 2020年11月第1次印刷

ISBN 978-7-5182-1253-8
定价：48.00元

总　序

自1999年以来，我院每年都从课题研究中，选出一些社会各界较为关注的优秀成果，结集为《中国宏观经济丛书》和《中国经济学术基金丛书》公开出版。自2015年入选首批国家高端智库试点单位以来，我院进一步加强智库建设，连续几年在全国智库排名中位居前列。为进一步加大对优秀研究成果的宣传力度，持续扩大我院的学术影响力、决策影响力、社会影响力和国际影响力，我们进一步整合院内优秀研究成果，将原有丛书合并为《国宏智库丛书》品牌，以更有效地加强与同行的学术交流，更好地为经济管理部门、科研机构和社会各界提供服务。

《国宏智库丛书》（2020）是中国宏观经济研究院优秀课题研究成果的集合，包括有效市场与有为政府、中央与地方财政事权和支出责任、价格规制体系、竞争政策等领域内容。

由于水平所限，丛书内容难免有不足之处。诚恳期待社会各界进行批评指正，以帮助我们不断提高研究水平和丛书质量。

中国宏观经济研究院

2020年3月

前　言

水、电、气、热、铁路等生产和销售依赖管网的行业，其网络运营具有自然垄断性，因而被称为自然垄断环节，简称“垄断环节”。这些垄断环节及与之“一体化”运营的行业，常被称为网络型垄断行业。对垄断环节的价格规制，是现代市场经济国家政府的重要经济职能。价格规制具体指政府或法律授权的公权力机构依据规则对被规制企业价格的直接限制和干预。价格规制体系则是指影响价格规制绩效的各个要素及其相互关系。20 世纪 90 年代以来，我国网络型垄断行业的商业化、企业化改革已有长足的进展，多数企业已成为自负盈亏的市场主体。在此过程中，政府对这些行业垄断环节的价格规制逐步完善，但适应现代化经济体系要求的系统的价格规制体系建设尚在探索之中。

本书是 2018 年国家高端智库选题、中国宏观经济研究院重点课题《构建垄断环节现代化价格监管体系研究》的主要成果（为表述方便，课题将“网络型自然垄断环节”简称为“垄断环节”）。全书共分为八章。第一章源自课题主报告，阐述了构建垄断环节价格规制体系的现代化理念、目标和实现路径，以期更好地发挥政府作用，推动我国价格规制现代化的进程，实现价格规制的治理体系和治理能力现代化。第二章至第八章来源于课题各专题报告，围绕构建现代化价格规制体系的理论基础和重点难点问题，分别对垄断环节价格规制的理论基础、成本规制、规制会计准则、投资规制、价格听证制度、信息公开制度、对标分析方法进行了专题研究。本书撰写人员均来自国家发展改革委市场与价格研究所。第一章、第三章由课题主持人杨娟完成。其余章节由其他课题组成员完成，具体如下：第二章由刘树杰研究员完成；第四章由周适完成；第五章由王磊完成；第六章由荣晨完成；第七章由王丹完成；第八章由郭琎完成。

作者

2020年6月

目 录

第一章
构建垄断环节现代化价格规制体系

内容提要： 水、电、气、热、铁路等生产和销售依赖管网的行业，其网络环节的运营具有自然垄断性，因而被称为自然垄断环节，简称“垄断环节”。对垄断环节的价格规制，是现代市场经济国家政府的重要经济职能。价格规制具体指政府或法律授权的公权力机构依据规则对被规制企业价格的直接限制和干预。价格规制体系则是指影响价格规制绩效的各个要素及其相互关系。现代化的规制体系设计一般遵循如下原则：规制决策的独立性；清晰的职责；必要的授权；充足的可用资源；完备的规则；透明和公众参与；可预测和可问责。我国垄断环节价格规制的现代化，应以规制经济学的现代理念和方法为基础，实现治理体系和治理能力两个方面的现代化。所谓价格规制治理体系的现代化，是指价格规制的法规、组织和决策体系的健全。价格规制治理能力的现代化，则是指价格规制机构具备有效执行相关法规及规制政策的能力，亦即在治理体系框架下有效实施价格规制的能力。在相关体制问题解决以前，我国近期可从现实要求和条件出发，致力于提高价格规制的规范性、科学性和透明度。

水、电、气、热、铁路等生产和销售依赖管网的行业，其网络运营具有自然垄断性，因而被称为自然垄断环节，简称“垄断环节”。这些垄断环节及与之“一体化”运营的行业，常被称为网络型垄断行业。对垄断环节的价格规制，是现代市场经济国家政府的重要经济职能。20 世纪 90 年代以来，我国的水、电、气、热、铁路等网络型垄断行业的商业化、企业化改革已有长足的进展，多数企业已成为自负盈亏的市场主体。在此过程中，政府对这些行业垄断环节的价格规制逐步完善，但适应现代化经济体系要求的系统的价格规制体系建设尚在探索之中。本研究拟阐述价格规制及其体系设计的现代化理念，提出我国构建垄断环节现代化价格规制体系的目标和实现路径，以期更好地发挥政府作用，推动我国价格规制的现代化进程，实现价格规制的治理体系和治理能力现代化。为表述方便，本研究将“网络型自然垄断环节”简称为“垄断环节”，相关经营企业称为“垄断企业”，所属行业称为“垄断行业”。

一、价格规制的内涵与规制体系设计的一般性原则

（一）价格规制的内涵及本质特征

1. 价格规制的内涵

所谓规制（Regulation，也译为监管、管制），是指政府或法律授权的公权力机构依据规则对被规制企业决策行为的干预和限制。经济学有专门研究规制的学科，被称为规制（管制）经济学，属于产业经济学的分支。规制经济学产生于 20 世纪 70 年代，是“随着市场经济的发展而逐步从微观经济学和产业组织理论中发展出来成为一门相对独立的学科的”。[①] 2014 年，法国著

① 参见：W. 吉帕·维斯库斯，约翰 M. 弗农，小约瑟夫 E. 哈林顿. 反垄断与管制经济学[M]. 陈甬军，等译. 北京：机械工业出版社，2004.

名经济学家让·梯若尔主要因其对新规制经济学的贡献而获诺贝尔经济学奖。

在规制经济学的理论体系中，规制被分为经济性规制和社会性规制两大类。经济性规制的内容包括价格、投资、质量、网络公平开放、准入退出等影响经济利益的行为，其对象主要为具有显著自然垄断属性的行业。社会性规制则包括环境保护、食品和药品安全以及公共设施安全等，其对象涉及经济和社会多个领域。

价格规制具体指政府或法律授权的公权力机构，依据规则对被规制企业价格的直接限制和干预。在水、电、气、热、铁路等垄断环节，价格对垄断企业和消费者的经济利益影响最大也最为直接，因而价格规制被认为是经济性规制的核心。

2. 价格规制的起源

垄断行业价格规制的雏形，最早见于19世纪美国、英国的特许经营合同中。当时的企业为获得垄断行业的特许经营权，需要与市政府签订合同。如美国纽约市早在1820年就对天然气行业实行特许经营权制度，作为获得垄断经营权的交换，那些被允许进入的企业，其价格必须受到限制。英国的价格规制最早也是从煤气和天然气行业开始，亦即在企业与市政府的特许经营合同中规定质量和价格控制的专门条款。

较为系统的价格规制，起源于由私人企业提供垄断产品和服务的美国。在19世纪80年代，美国铁路迅速发展，并逐渐在运输行业中占据垄断地位，大量的利益争端也随之产生，其中最为严重的是铁路公司的价格歧视，要求政府干预的公众呼声日益高涨。于是，美国联邦政府在1887年成立了铁路州际商务委员会，开始对铁路行业进行规制，并基本取得了预期的成效，从而在实践上证明了市场经济中政府规制的必要性。此后，政府规制逐渐延伸到电力、天然气等更多的垄断经营的经济领域。

3. 价格规制的理由

价格规制最主要的理由是因自然垄断而导致的市场失灵。自然垄断环节的投资和运营具有成本劣加性，亦即垄断比竞争的效率更高，因而实行政府授权特许经营是最合理的产业组织形式。但当垄断经营者没有竞争压力，而提供的产品又为社会生产生活所必需时，就会使之可能通过限制产量、制定垄断高价的方式获取超额利润。因此，政府必须对这些垄断环节产品和服务的价格进行规制。所以，发达市场经济国家普遍投入大量政府资源，设立专门的经济性规制机构，对垄断环节的价格及投资、质量、准入退出、网络公平开放等行为实施规制。此外，垄断环节规制也是国际公认的营商环境的一部分，如联合国、世界银行有专门的调查机构，每年发布各国营商环境报告，政府对垄断环节的定价、用户接入、服务质量等方面的规制绩效是其中的重要指标。

4. 价格规制的本质特征

根据价格规制的内涵，理解价格规制应把握其四个本质特征。

（1）价格规制的对象为自负盈亏的独立法人企业。我国目前保留的政府定价项目主要限定在重要公用事业、公益性服务和网络型自然垄断环节。其中部分公益性服务由政府（事业单位）直接提供，政府对这类产品和服务的定价，属于政府内部的价格管理，不是价格规制。而网络型自然垄断环节的运营者多为自负盈亏的法人企业，其与消费者之间在经济利益上是“此消彼长”的关系，存在潜在的利益冲突，因而才需要由代表公共利益的公权力机构居间裁决或干预。

（2）价格规制基于市场经济，须“依规而为”。在计划经济体制下，垄断环节的产品和服务由政府直接提供，价格由政府制定，与消费者利益不存在潜在冲突。而在市场经济中，垄断企业为追求自身利益，可能会制定垄断高价，而消费者则希望价格越低越好。因而政府的价格规制必须在法律授权范围内“依规而为”，才能平衡双方的利益关系，为双方所“信服”，从而避免利益争端，降低社会成本。

（3）价格规制机构属于政府行政序列，但同时又具有准立法、准司法职能。一些国家称为“行政规制机构”，一些国家称为“立法、司法、行政以外的政府第四部门”。为履行法律规定的职责，价格规制机构须依法制定大量实施细则（部门规章），为核定价格提供具体的可操作的准绳，因而具有准立法性质。价格规制机构依据法律和规则作出核定价格的裁决时，表现出职能的准司法性质。价格规制机构对垄断企业执行核定或限制价格的监督检查，以及消费者投诉的受理职能，则又具有准执法的性质。

（4）价格规制不同于价格总水平调控。价格规制是政府对微观经济事务的直接干预，在政策目标、对象、手段、经济学理论依据等方面与价格总水平调控等宏观经济调控存在本质区别，具体如下：价格规制的目标是通过制定合理价格，在市场失灵领域引导资源优化配置；宏观经济调控以实现整体经济稳定为目标，在市场经济中，绝大多数商品和服务的价格由市场竞争形成，政府对垄断环节的价格干预也并不能实现物价总水平的稳定。价格规制以具体的公用事业行业为对象，是国家对局部经济活动的干预；宏观经济调控涉及所有经济主体。价格规制通过制定和执行规则得以实现，且必须遵循规定程序，尽可能避免“相机抉择”；宏观经济调控主要以灵活的货币政策和财政政策作为手段。价格规制属于规制经济学研究范畴，规制经济学属于微观经济学；宏观经济调控属于宏观经济学研究范畴。

（二）规制体系及其设计的一般性原则

规制体系指影响规制绩效的各个要素及其相互关系，包括与规制相关的法律法规、组织机构、监督制衡机制、规制方法与工具等。规制源于现代市场经济国家，经过近百年特别是20世纪70年代以来的实践，这些国家的经济性规制体系日益成熟。经济合作与发展组织（OECD）、世界银行以这些国家的多年实践为基础，提出理想规制体系设计的一般性原则，可概括为：规制决策的独立性、清晰的职责、必要的授权、充足的可用资源、完备的规则、透明和公众参与、可预测和可问责。作为垄断环节规制核心的价格规制，其体系的构建包含于经济性规制体系之中。

1. 规制决策的独立性

规制的第一要义是保持规制决策的独立性。规制者只有公平、公正地行使规制职能，才能既防止被规制的垄断企业获得超额利润，又确保吸引投资以保障长期稳定的供给，实现消费者利益的真正保护。

在组织形式上，按照与政府部门的隶属关系和独立程度，大部分市场经济国家设立了独立或半独立的经济性规制机构①。这些机构在法律授权的范围内均具有独立决策的权利，即规制机构在法律法规规定的“政策”框架下履行“规制”职责，有权在法定权限内作出最后决定。立法机构或上级部门在必要的情况下可对规制施加影响，但必须在完全透明和公开的前提下进行，

① 注：独立经济性规制机构在法律上为独立法人，直接向国会或总统负责，与政府部门没有隶属关系，如澳大利亚、加拿大、美国、英国、法国等国以及部分中欧和欧亚国家普遍采用该模式。半独立经济性规制机构为部门所属的二级法人机构，需向部长负责，如德国、丹麦、荷兰、芬兰、挪威、韩国、新加坡、吉尔吉斯斯坦、马耳他等国普遍采用该模式。

相关介入程序和要求在法律中有明确规定。规制机构通常实行委员会负责制，各委员由立法机构或上级部门任命，被任命人（委员会主席和委员）一般实行与任命人错期的固定任期制，且只有在违反法律规定的条款时才能被解聘，从而为决策的独立性提供保障。

规制还应严格独立于被规制企业，最大程度防止"规制俘获"。如美国《加州公用事业法案》规定：委员会（即州公用事业委员会，为州经济性规制机构，下文同）的委员不得与被规制企业有任何官方关系或经济利益联系；被规制企业的职员在离开企业 2 年以内不得担任委员会委员；委员会应以合法的方式更新《利益冲突守则》和《不相容活动声明》，并对工作人员进行职业道德培训。美国《德州公用事业法案》要求委员会须就其工作人员与被规制企业（及附属企业或代表）的通信联系活动进行规定，通信联系人员名单、所代表的企业、通信主题的简要描述须予以记录。

2. 清晰的职责

与其他政府机构相比，经济性规制机构的核心职责是纠正因自然垄断等引起的市场失灵，维护消费者利益。经济性规制机构和其他相关机构（包括相关政府部门、反垄断机构、环境保护机构等）之间的关系和职责边界应在法律中明确界定，以避免职能交叉重叠和履职中的可能冲突，从而提高政府资源配置的效率。

其中，经济性规制机构和相关部门的关系的界定最为重要。相关部门指经济部、财政部等综合性部门以及能源、交通、水利等相关行业的主管部门。这些部门通常负责制定行业政策、税收政策、补贴政策和规制框架等。经济性规制机构则负责具有较强技术性且相互关联的具体规制政策的制定和执行，如技术标准的制定、价格的设定和调整、颁发许可证等。如在德国，联邦经济事务和能源部作为经济和能源主管部门，在能源领域的职责是推动能源改革，关注气候和环境的可持续性，提升能源效率，提高能源供应的安全性、持续性和有效性。联邦网络管理局为经济事务和能源部的二级独立机构，负责电力、天然气、铁路、邮政、供水等网络型行业的经济性规制。在英国，商业、能源和产业战略部在能源领域的职责是确保国家拥有安全、清洁和低成本的能源供应体系，制定能源行业政策和规制框架。天然气和电力市场办公室作为能源规制机构，负责维护电力、天然气用户的利益，包括促进垄断环节的“物有所值”亦即高性价比，维护可竞争环节的公平竞争，并执行政府要求的可再生能源等行业政策。

经济性规制机构与其他相关机构的关系也需在法律中清晰界定。被规制行业的安全规制和环境规制属于社会性规制，一般由环境部等相应的专业机构负责。因垄断行业竞争性环节和垄断环节不可分割，专业性较强，这些环节公平竞争的维护一般由经济性规制机构负责，包括制定竞争规则、监测竞争状况等，反垄断机构则保留必要时依法干预的权利。

3. 必要的授权

法律需赋予经济性规制机构履职所需的必要权限，在垄断环节至少需包括：设定价格和服务质量标准，保证共用网络的公平开放，颁发许可证，调查和处理消费者投诉，强制被规制企业提供规制所需的信息，强制被规制企业执行规制决定并有在必要时实施罚款的权限等。以强制要求垄断企业提供规制所需的信息为例，美国《加州公用事业法案》相关条款规定，委员会可向公用事业企业（即垄断企业）送达命令，要求其在委员会指定的时间和地点出示其保存的账簿、文件和记录或经核实的副本，以便委员会对其进行审查；公用事业企业须完整、正确地回答委员会提出的每一个问题，如存在无法回答的问题，应给出无法回答的充分理由；委员会工作人员可随时检查公用事业企业的账簿、文件和记录，企业应制作经宣誓的证词或书面文件并提交委员会；为监控成本和核定价格，委员会应定期检查和审核账簿、记录，其中，用户数 1 000 以下的小型企业至少每 5 年检查一次，大中型企业至少每 3 年检查一次。上述提供信息义务的规定也适用于公用事业企业与其子公司、附属公司或控股公司之间的任何可能影响消费者利益的事务。《德州公用事业法案》也明确规定，委员会可要求垄断企业报告其与附属企业之间的、与提供被规制服务相关的关联交易情况，并提供合同或任务的复印件。在英国，根据天然气法案和电力法案，当垄断企业出现违反任何一项许可证条款规定的行为时，规制机构可对其实施罚款，单项罚款金额最高可达其年销售收入的 10%。

4. 充足的可用资源

为保障职责履行，规制机构应有能力提供可与被规制企业相竞争的薪酬和教育培训机会，形成数量充足、专业构成合理、经验丰富的人才队伍；具有稳定、充足、独立的收入来源；具有在需要时聘请外部顾问的能力。为保障决策的科学性，规制机构应尽可能实行委员会集体决策制，委员会由来自不同专业背景（经济、财务、法律、工程技术）的 3 名或 5 名委员组成，必要时应为每位委员配备 1 名顾问。以英国为例，其国土面积和人口数量规模与我国许多省接近，但仅其能源行业规制机构的规制人员数量就超过 900 名。该机构领导层中，不仅主席、副主席和执行委员具有多年从业经历和丰富经验，而且配备若干名非执行委员，从相关行业、经济学、消费者、社会政策、财务和投资、科学与环境、欧洲能源问题等领域提供经验和专业知识，其中一些非执行委员具有能源以外的其他垄断行业规制的丰富经验。在美国，联邦能源管制委员会有约 800 名工作人员。在州层面，加州公用事业委员会有约 1 000 名工作人员。根据《加州公用事业法案》授权，委员会执行主任可雇用其认为必要的官员、行政法官、专家、工程师、统计员、会计师、检查员、办事员和雇员，以履行法律赋予委员会的职责和权力。州长可应委员会委员要求，为委员会每名委员任命 1 名顾问，每名顾问可获得委员会经州人力资源部批准确定的薪金。

5. 完备的规则

“依规而为”需以完备的规则为前提，具体包括立法机构的法律和规制机构的规则两个层次。第一层次的“规则”是界定规制框架的法律，包括规制机构的职责、机构设置及其决策须遵循的程序等；第二层次的“规则”是规制机构在法律规定的框架下，制定履行职责所需的具体规则和程序，类似于我国的部门规章，如具体的规制原则、方法及适用于具体规制对象的会计准则等，如美国《德州公用事业法案》要求委员会应根据其履职需要制定和实施规则。从而，立法机构的法律和规制机构的规则应共同向利益相关方提供完备清晰的规制目标、原则、方法、程序、各方责任和义务以及不当行为的后果等。

6. 透明和公众参与

规制的结果直接关系到消费者的经济利益，作为“付费方”，消费者有知情权、参与权和监督权。而透明是公众参与的前提和基础。良好的信息公开和公众参与，也可形成对规制机构决策信息的有效补充和监督。因此，规制机构需按法律要求公开必要信息，包括用于规制的文档和信息，特别是拟决策事项的时间表安排以及决策结果、依据和过程的详细说明等。规制机构还需制定垄断企业信息公开的相关规定。

在公众参与方面，与组织程度高的垄断企业相比，普通消费者不仅难以有效组织起来，而且缺乏必要的专业知识。因而，规制机构需为有参与意愿的消费者提供直接帮助和指导，并直接或聘请专家团队代表消费者参与相关规制事务。以美国加州为例，其垄断环节规制的透明和公众参与的要求表现在：一是透明和信息公开。规制法案要求委员会在互联网上公布委员会的待决定事项，以及公众和消费者参与所需的必要信息；委员会通过的每一项决定须在通过后的10日内发布；委员会的履职程序和规则应予公布；委员会所有决定的案卷卡片，需按标题和提交或发布日期列出，并予以公布；委员会还应公布对被规制企业的检查和审计报告以及其他相关信息。二是为消费者参与提供帮助。规制法案要求委员会应任命一名公共顾问，设立公共顾问办公室。公共顾问应就公众参与向委员会提出建议，公布委员会鼓励和支持公众参与的方案，接收公众对委员会的投诉和评论。公共顾问办公室还应协助有参与意愿的消费者直接参与相关规制过程。三是直接代表消费者参与。规制法案要求委员会内部设立独立的消费者保护办公室，原因是大部分消费者既没有时间也没有资源来理解和参与加州复杂的规制流程，因而通过组建由分析师、工程师、经济学家、律师和审计员组成的专业团队，在规则的制定和修改、重要规制决策的形成等所有重要的规制事项中代表用户参与，维护消费者利益。消费者保护办公室的主任由州长任命，并经州参议院确认，每年参加参议院相关会议并汇报办公室年度工作。为有效维护消费者利益，规制法案明确该办公室可雇用足够的人员和资源，也可聘请履职所需的专家，还可要求被规制企业提供或披露任何其认为维护消费者利益所必需的信息。

7. 可预测和可问责

“可预测”指规制决策应为投资者和消费者提供稳定预期，以为投资者和消费者作出合理的决策创造条件。“可预测”要求规制机构的决策应在规制框架内进行，遵循规定程序；规制规则和决策如需更改须经过充分的公共咨询，使利益相关方有机会充分地表达意见，并尽可能避免改动过大。

“可问责”指规制机构在获得充足资源和充分授权的同时，需对其行为负责，从而形成对规制者的约束和制衡。如被规制企业或消费者有任何一方认为规制机构的决策违反法律法规导致其利益受损，均具有上诉的权利和途径。规制机构需发布工作报告，就其履职情况向立法机构或上级机构汇报，并向公众公开。立法机构或上级机构定期通过评估对规制机构进行监督和业绩审查。如在美国加州，公用事业委员会每年须于2月1日之前向立法机构提交年度报告，并在其网站公布下一年工作计划描述可能审议的事项和决定，规制机构的业绩标准，以及根据上一年工作计划中确定的标准对上一年业绩的自我评价。英国天然气和电力市场办公室每年发布年度规制报告，内容涉及其本年度工作计划和执行情况、开展的主要工作及其背景和绩效等。

二、我国垄断环节价格规制的现状

（一）规制范围、主管机构及规制对象

我国政府定价项目实行目录清单制，《中央定价目录》规定了中央部门定价范围，各省（自治区、直辖市）定价目录（简称地方定价目录）规定了地方政府部门定价范围。目前保留的定价项目主要限定在重要公用事业、公益性服务和网络型自然垄断环节。本研究聚焦于其中的网络型自然垄断环节定价。其余除因现阶段暂不具备竞争条件而未放开价格的可竞争环节外，大部分属于政府内部的价格管理，不属于垄断环节价格规制的范畴。

垄断环节价格规制一般按影响范围或企业性质划分权限。即跨省、中央国有企业的价格由中央部门规制，其余由省及省以下部门规制，具体的定价项目及主管机构、规制对象见表1-1。

表 1-1　我国垄断环节价格规制的范围、主管机构及规制对象

价格规制范围		主管机构	规制对象
电力	省及省以上电网输配电价	国务院价格主管部门	国家电网、南方电网及省级全资子公司；蒙西、陕西等少数省级地方电网
	省以下电网配电价格	省级价格主管部门	地方国有电网企业；增量配网企业（国有企业、混合所有制企业、民营企业等）
天然气	跨省长距离输气管道价格	国务院价格主管部门	中石油、中石化
	省内短途管道运输价格	省级价格规制部门	地方国有企业
	管道燃气配气价格和销售价格	授权市、县人民政府	地方国有企业、混合所有制企业、民营企业
供排水	公共管网供应的自来水、再生水销售价格（含管网）	授权市、县人民政府	地方国有企业、混合所有制企业、民营企业
	污水处理费收费标准		地方国有企业、混合所有制企业、民营企业
供热	供热价格	授权市、县人民政府	地方国有企业、混合所有制企业、民营企业
	辖区内供热管网运输价格		
铁路	中央管理企业全资及控股铁路普通旅客列车硬座、硬卧票价率（不包括动车组列车、社会资本投资控股新建铁路客运专线）	国务院价格主管部门	中国国家铁路集团有限公司及控股企业
	中央管理企业全资及控股铁路货物、行李运价率（不包括动车组列车、社会资本投资控股新建铁路客运专线）		
	省内地方国企全资及控股铁路、地方国企和央企各占50%股权铁路货物、行李运价率，传统旅客列车硬座、软座、硬卧、软卧以及高铁动车组一、二等座票价率	省级价格主管部门	地方铁路局及控股企业（含50%股权）
	省内专用铁路旅客票价率、货物运价率，铁路专用线共用收费标准		

资料来源：《中央定价目录》（2020年）；各地定价目录。

注："授权市、县人民政府"的授权方为省级价格主管部门，具体工作由市、县价格主管部门负责、行业行政主管部门协助管理。

（二）相关法律、行政法规及其主要内容

《中华人民共和国价格法》（以下简称《价格法》）是我国垄断环节价格规制最核心的法律依据。其内容涉及：①定价范围及权限划分（第十八至二十条）。国务院物价部门和其他部门按中央定价目录权限制定价格，其中重要商品和服务价格制定应按规定报国务院批准，地方价格和其他部门按地方定价目录权限制定价格。②定价原则（第二十一条）。制定价格应依据有关商品或者服务的社会平均成本和市场供求状况、国民经济与社会发展要求以及社会承受能力。③定价程序（第二十二至二十四条）。定价部门制定价格时应当开展价格、成本调查，听取消费者、经营者和有关方面的意见，并向消费者公布定价结果。④价格调整（第二十五条）。具体价格水平应当根据经济运行情况，按照规定的定价权限和程序适时调整。消费者、经营者可以对政府指导价、政府定价提出调整建议。⑤行政处罚（第三十三、三十四、三十九条）。经营者不执行政府定价，拒绝按照规定提供监督检查所需资料或者提供虚假资料且预期不改正的，价格部门可处以罚款。⑥价格工作人员责任（第四十六条）。

垄断环节定价国家层面相关法律和行政法规见表 1-2。

表 1-2　垄断环节定价国家层面相关法律和行政法规

类别	法律和行政法规
综合类	《价格法》（自 1998 年 5 月 1 日起施行）
电力	《中华人民共和国电力法》（自 1996 年 4 月 1 日起施行，2018 年 12 月 29 日第三次修订）
天然气	《城镇燃气管理条例》（2011 年 3 月 1 日起施行，2016 年 2 月 6 日修改）
供排水	《中华人民共和国水法》（2002 年 10 月 1 日起施行，2009 年 8 月 27 日、2016 年 7 月 2 日修订）
	《中华人民共和国城市供水条例》（自 1994 年 10 月 1 日起施行）
供热	无（大部分省出台“城市供热管理条例”）
铁路	《中华人民共和国铁路法》（1991 年 5 月 1 日起施行，2009 年 8 月 27 日、2015 年 4 月 24 日修正）

资料来源：作者整理。

注：地方法规根据国家相关法律法规制定。

除《价格法》外，在一些相关行业法律或条例中也有关于价格的条款规定，但内容较少。如《中华人民共和国水法》第五十五条规定："使用水工程供应的水，应当按照国家规定向供水单位缴纳水费。供水价格应当按照补偿成本、合理收益、优质优价、公平负担的原则确定。具体办法由省级以上人民政府价格主管部门会同同级水行政主管部门或者其他供水行政主管部门依据职权制定。"又如《城镇燃气管理条例》第二十三条规定："燃气销售价格，应当根据购气成本、经营成本和当地经济社会发展水平合理确定并适时调整。县级以上地方人民政府价格主管部门确定和调整管道燃气销售价格，应当征求管道燃气用户、管道燃气经营者和有关方面的意见。"

（三）主要部门规章及核心内容

垄断环节定价主要部门规章见表 1-3。

表 1-3　垄断环节定价主要部门规章

类别	部门规章
综合类	《中央定价目录》2020 年国家发展改革委令第 31 号
	《政府制定价格行为规则》2017 年国家发展改革委令第 7 号（2001 年第一版；2006 年第二版）
	《政府制定价格听证办法》2018 年国家发展改革委令第 21 号
	《政府制定价格成本监审办法》2017 年国家发展改革委令第 8 号（2006 年第一版）
	《国家发展改革委关于进一步加强垄断行业价格监管的意见》（发改价格规〔2017〕1554 号）
电力	《省级电网输配电价定价办法》（发改价格规〔2020〕101 号）
	《输配电定价成本监审办法》（发改价格规〔2019〕897 号）
	《区域电网输电价格定价办法》（发改价格规〔2020〕100 号）
	《跨省跨区专项工程输电价格定价办法（试行）》（发改价格规〔2017〕2269 号）
	《关于制定地方电网和增量配电网配电价格的指导意见》（发改价格规〔2017〕2269 号）
	《关于完善居民阶梯电价制度的通知》（发改价格〔2013〕2523 号）
	《国家发展改革委办公厅关于完善两部制电价用户基本电价执行方式的通知》（发改办价格〔2016〕1583 号）

续表

类别	部门规章
天然气	《天然气管道运输价格管理办法（试行）》（发改价格规〔2016〕2142 号）
	《天然气管道运输定价成本监审办法（试行）》（发改价格规〔2016〕2142 号）
	《关于加强配气价格监管的指导意见》（发改价格〔2017〕1171 号）
	《国家发展改革委关于建立健全居民生活用气阶梯价格制度的指导意见》（发改价格〔2014〕467 号）
供排水	《城市供水价格管理办法》（计价格〔1998〕1810 号）
	《城市供水定价成本监审办法（试行）》（发改价格〔2010〕2613 号）
	《国家发展改革委财政部住房城乡建设部关于制定和调整污水处理收费标准等有关问题的通知》（发改价格〔2015〕119 号）
供热	《城市供热价格管理暂行办法》（发改价格〔2007〕1195 号）
铁路	《铁路普通旅客列车运输定价成本监审办法（试行）》（发改价格规〔2017〕371 号）
	《铁路货物运价规则》（铁运〔2005〕46 号）
	《铁路客运运价规则》（铁运〔1997〕102 号）

资料来源：作者整理。

1. 政府制定价格的程序

根据《政府制定价格行为规则》，政府制定价格的程序包括：价格调查、成本监审或者成本调查（垄断环节须成本监审）、听取社会意见、合法性审查、集体审议、作出制定价格的决定等。其中，制定专业性、技术性较强的商品和服务价格时，定价机关应当邀请有关方面的专家进行论证；制定价格对经济社会可能造成重大影响的，应当开展风险评估。履行规定程序后形成制定价格的方案。[①] 重要商品和服务价格按规定报国务院或同级人民政府批

① 包括：现行价格和拟制定的价格、单位调价幅度；制定价格的依据和理由；制定价格对相关行业和消费者的影响；成本监审报告或者成本调查报告；经营者、消费者或其代表，以及有关方面的主要意见及采纳情况；经过听证的，附听证报告；经过专家论证的，附专家论证意见及采纳情况；经过风险评估的，附风险评估意见；价格的执行时间、期限和范围。

准。发布制定价格的决定。[①] 按照档案管理制度建立制定价格的卷宗并存档，卷宗应当实行“一价一卷宗”，内容包括：制定价格的方案、制定价格的决定及相关材料。制定价格的决定实施后，定价机关应当对决定的执行情况进行跟踪调查和监测，并适时进行后评估。[②]

2. 政府制定价格中的公众参与和信息公开

《政府制定价格行为规则》第三章共五个条款就制定价格时的“公众参与和信息公开”进行了规定，包括制定价格建议的提出和反馈、定价机关听取相关方意见的方式、通过购买服务发挥第三方机构的作用、制定价格决定的公开。具体内容为：经营者、消费者、政府相关部门及有关方面（以下简称建议人）可以向定价机关提出制定价格的建议。建议内容主要包括建议制定价格的具体商品或者服务名称、建议价格、依据和理由等。制定价格有建议人的，定价机关应当以适当的方式将建议办理情况告知建议人。定价机关听取经营者、消费者或其代表，以及有关方面的意见时，可以选择向社会公开征求意见、书面征求意见、召开座谈会、组织听证、实地走访等方式。定价机关制定价格时，可以通过政府购买服务等方式发挥第三方机构的积极作用。除涉及国家秘密外，定价机关应当及时向社会公开制定价格的决定。

3. 价格听证会制度

根据《政府制定价格听证办法》，政府制定价格听证是指定价机关依法制定（含调整，下同）政府指导价、政府定价过程中，由政府价格主管部门采

---

① 包括：制定价格的项目、制定的价格；制定价格的依据；价格的执行时间和范围；作出决定的定价机关名称和作出决定的日期。

② 包括：价格的执行情况，执行中存在的问题及原因；经营者经营状况、成本、劳动生产率和市场供求变化对价格的影响；相关商品和服务市场供求状况和价格的变化情况；社会各方面对所制定价格的意见；制定的价格对经济社会发展和消费者、经营者的影响；其他有关情况。

取听证会形式，征求经营者、消费者和有关方面的意见，对政府制定价格的必要性、可行性进行论证的活动。制定关系群众切身利益的公用事业价格、公益性服务价格和自然垄断经营的商品价格等政府指导价、政府定价，应当实行定价听证。听证的具体项目通过定价听证目录确定。定价听证由政府价格主管部门组织。听证会设三名至五名听证人。听证人是指代表政府价格主管部门专门听取听证会意见的人员。听证人由政府价格主管部门指定的工作人员担任，部分听证人也可以由政府价格主管部门聘请社会知名人士担任。听证会主持人由听证人中的政府价格主管部门的工作人员兼任。

4. 具体定价方法

国家发展改革委于 2017 年修订的《政府制定价格行为规则》及发布的《关于进一步加强垄断环节价格监管的意见》中，明确提出了“准许成本加合理收益”的网络型自然垄断环节价格规制模型。“准许成本加合理收益”模型在回报率规制的框架内初步引入了部分指标的上限制、对标等激励性机制，对企业经审核认可的与提供被规制服务相关的、合理的成本允许计入价格，并给予与风险水平相匹配的投资回报率。

三、我国构建垄断环节现代化价格规制体系的基本思路

（一）框架设计：现代化的治理体系和治理能力

如前所述，价格规制体系指影响价格规制绩效的各个要素及其相互关系。因此，价格规制体系的构建必然要求系统性和逻辑性。规制体系有两个重要元素[①]：

---

① 参见：BROWN A C，STERN J，TENENBAUM B，et al. Handbook for Evaluating Infrastructure Regulatory Systems [R]. The World Bank，2006.

规制治理（Regulatory Governance）和规制内容（Regulatory Substance），前者指规制机构、法律设计以及决策框架，后者指规制机构的具体决策行为。

从理论层面分析，价格规制涉及消费者—立法机构—规制机构—垄断企业之间的多重委托代理关系。具体表现为，分散的消费者不具备直接委托垄断企业提供产品和服务的能力，由立法机构作为消费者的代表，设立专职的规制机构，再由规制机构授权垄断企业特许经营，并实施相应的专业化规制，实现维护消费者利益的政策目标。

因而，现代化的价格规制体系应有针对上述多重委托代理关系的系统性制度设计，需包括现代化的治理体系和治理能力，二者缺一不可。所谓价格规制治理体系的现代化，是指价格规制的法规、组织和决策体系的健全，其主体为立法机构，对象为规制机构，即立法机构赋予规制机构履职所需的组织、资源、权限保障，同时建立必要的约束和制衡机制。但即使有再好的治理体系，也不能确保规制的有效实施，还需有相应的治理和执行能力。价格规制治理能力的现代化，是指价格规制机构具备有效执行相关法规及规制政策的能力，亦即在治理体系框架下有效实施价格规制的能力，其主体为规制机构，对象为垄断企业。现代化的治理能力要求规制机构设置全面的规制内容，引入先进的理念、方法和有效的工具手段。

我国现代化自然垄断环节价格规制体系的框架设计见表 1-4。

表 1-4　我国现代化自然垄断环节价格规制体系的框架设计

构成	内涵	实现方式	委托-代理方	主要内容
一、现代化的治理体系	价格规制的法规、组织和决策体系的健全，需对规制机构给予充分的授权和必要的约束制衡	（1）立法 （2）设立经济性规制机构	立法机构（代表消费者）-规制机构	（1）职责定位 （2）机构设置 （3）可用资源配置 （4）必要权限授予 （5）履职程序规定 （6）透明度和公众参与要求 （7）问责机制

续表

构成	内涵	实现方式	委托—代理方	主要内容
二、现代化的治理能力	规制机构在治理体系框架下有效实施价格规制的能力，需设置全面的内容，引入先进的理念、方法和有效的工具手段	（1）制定具体规则（即部门规章） （2）依据法律和具体规则作出决策	规制机构（代表立法机构和消费者）-垄断企业	（1）价格水平控制 （2）价格结构设计 （3）规制信息系统设计和周期性报送要求 （4）绩效监测和评估

注：价格规制的治理体系设计在各自然垄断行业的垄断环节具有通用性。价格规制的治理能力在具体方法应用层面不同，在自然垄断环节可能有一定差异，但基本框架、构成要素相同。

（二）治理体系现代化的主要措施

现代化的价格规制治理体系，涉及立法机构和规制机构之间的委托代理关系，需通过立法为规制机构履职提供充足的组织、资源、权限保障，同时建立必要的约束和制衡机制。前者包括职能完备的机构、充足的人力物力资源、必要的权限等，后者包括严格的履职程序、信息公开和公众参与机制、监督与问责机制等。

1. 为治理体系构建提供高层次法律依据

我国正在加快法治政府建设，价格规制作为直接影响消费者经济利益、具有广泛社会影响的政府职能，须有法可依。可考虑制定《国家公用事业规制法案》，为良好治理体系的形成奠定法律基础，提高规制政策的稳定性和可预期性，为垄断行业健康发展和下游产业合理布局提供长期信号，保障消费者获得充足、可靠、经济的垄断产品和服务。法案需明确界定：规制的目标；规制机构的组织、职责、履职程序以及监督和问责机制；垄断企业的权利和义务等。考虑我国垄断环节运营主体以国有企业为主，法案还需纳入自然垄断环节国有企业管理体制相关内容，从而形成完整的治理体系。

2. 设立定位清晰、职能完备的经济性规制机构

该机构的核心目标是维护消费者的经济利益，提高其获得产品和服务的“性价比”。核心职责包括促进垄断行业可竞争环节的竞争，实施对垄断环节的经济性规制。在垄断环节规制领域，应将目前分散于各部门但不可割裂的相关职能集中于经济性规制机构，具体包括价格规制、网络规划和项目审批、网络公平开放、成本核算制度、质量标准、价格监督检查，以及国有企业考核、薪酬核定等管理职能。为最大程度保证决策独立，经济性规制机构最好跨行业设置。通常认为，与单一行业的经济性规制机构相比，跨行业设置的经济性规制机构更加具有优势①：一是促进规制资源的共享；二是加快规制知识的学习和传播；三是降低规制俘获风险；四是保障规制决策的独立性；五是便于实施统一的投资价值评价和通货膨胀处理等政策，促进资本在行业间的合理流动；六是在行业间技术和经营不断融合的趋势下，有助于跨行业事务的处理。中央经济性规制机构由国务院直接领导，可命名为“国家公用事业规制委员会”。也可参考德国等国家模式，在综合性部委下设立二级经济性规制机构。各省则相应设立省级公用事业规制委员会，对水、电、气、热、铁路等自然垄断行业实施规制。

3. 保障规制机构获得充足的规制资源

垄断环节规制专业技术性较强，为实现预期目标，维护消费者利益，政

---

① 参见：WARRICK SMITH. Utility Regulators：Roles and Responsibilities. The World Bank，Viewpoint Note No. 128，1997.

府必须投入充足的规制资源，才可能取得既定的规制目标。具体包括：数量充足、专业结构合理（工程技术、财务、管制经济学、法律等）的工作人员，充足的经费预算，可在需要时聘请外部顾问和特定领域专家，对工作人员开展定期培训，积极参与国际和区域规制机构联盟，建立与他国规制机构的交流合作机制。

4. 授予规制机构履职所需的必要权限

如上所述，经济性规制机构的核心职责包括两方面，一是促进可竞争环节的竞争，二是实施对垄断环节的经济性规制。其中，与垄断环节价格规制职能相关的权限至少应该包括：设定或批准被规制服务或产品的价格；强制垄断企业遵守规制会计制度、保留记录、提供规制所需的信息；监测垄断企业绩效，发布相关报告和信息；监督垄断企业执行规制规则的情况，必要时有权实施经济处罚；受理和裁定垄断企业与消费者之间的经济纠纷；设定可能对价格规制有显著影响的垄断国有企业考核指标。

5. 明确规制机构履职的要求和程序

在对规制机构充分授权的同时，需建立约束机制。首先是要求规制机构依法制定完备的规则（即部门规章），依规而为。由于规制的专业性、动态性，规制法案仅能就规制政策进行框架性、原则性规定，因而须要求规制机构依法制定（包括评估和修改）、公布实施细则，作为其决策依据。实施细则应尽可能完整、详尽和明确，具有可操作性，从而将自由裁量权降低到最低程度。其次是明确规制机构制定和执行规则的程序。程序的公正、公开、透明是结果公正的保障。规制机构履职须遵循法定程序，包括制定（修改）规则和执行规则（定调价等）的流程以及各流程的详细要求。

6. 建立信息公开和公众参与机制

首先，规制法案应明确规定规制机构信息公开的范围和程度，包括机构职责、机构部门构成、相关法律法规，规制决策的结果、依据和程序，决策过程中形成的相关公告、文件、咨询报告等。用于决策的文件和信息也应尽可能公开。其次，消费者组织程度不高，缺乏专业规制知识，相对于被规制企业处于弱势地位。因此，在前述信息公开的基础上，政府还需建立帮助消费者有效参与的机制。建立公众直接参与、充分表达意见的渠道。在规制机构内部设立专职的消费者保护部门，一方面对消费者直接参与提供建议和帮助，另一方面聘请经济、财务、技术、法律等专家代表消费者有效参与规制。

7. 建立对规制机构的问责和评估审查制度

垄断企业和消费者对规制机构的决策不满时，可向规制机构及其上级机构或法院提起上诉。规制机构应向立法机构或上级行政机构提交年度工作报告，报告年度预期工作目标以及完成情况，提交重大规制政策的成本-收益分析。立法机构或上级行政机构应对规制机构的规制框架和绩效进行定期审查（如每 5 年 1 次），评估相关法律规定是否需要变更。

（三）治理能力现代化的主要措施

现代化的治理能力，涉及规制机构和垄断企业之间的委托代理关系，规制机构需设置全面的规制内容，引入先进的理念，采用科学的方法和有效的工具手段。全面的规制内容指的是，垄断环节的价格与成本、投资、运营效率密切相关，价格核定须以信息搜集和绩效评估为基础，缺一不可。先进的理念指基于市场经济的理念核定价格，在消费者和垄断企业经济利益、消费者短期和长期利益之间取得平衡，不应顾此失彼。科学的方法指遵循规制经济学理论，借鉴成熟的国际经验，结合国情选取和设计价格规制方法。有效的工具手段指对垄断企业规制的具体方式，除核定价格并要求垄断企业执行以外，还需强制垄断企业按要求提供规制所需的信息。

1. 采用针对国有企业的激励相容机制，有效控制价格水平

政府价格规制是对垄断环节市场失灵的纠正，应以长期边际成本作为定价依据，才能为消费者和垄断企业双方接受，实现共赢。即以 3～5 年或更长时间为一个规制周期，根据补偿下一周期合理成本并获得合理回报的原则，提前核定或限制平均价格水平。但只有在有效率投资和运行前提下发生的合理成本才能计入价格，否则会导致消费者为不合理的高成本付费。此外，垄断企业属于风险较低的行业，准许回报率也应低于市场平均水平。核定未来 3～5 年价格水平的基本模型有回报率和上限制两种。我国在电力、天然气行业已初步建立更接近回报率规制的“准许成本加合理收益”规制模型，应逐步在此框架下引入对标等激励机制，直至实行激励性更强的上限制规制方法。同时，可根据我国的国情，设计针对垄断国有企业的激励相容机制，如将垄断环节产品和服务的“性价比”与垄断国有企业绩效工资尤其是管理层收入挂钩，从而使垄断国有企业形成合理投资、降低成本、提高效率的内在动力。

2. 科学设计价格结构，促进资源优化配置

不同用户的成本责任不同。如果对所有用户制定统一的价格标准，不仅会造成不公平负担，还将扭曲价格信号，导致资源配置的低效，长此以往将提高供给成本和消费者价格。因而，规制机构在确定出垄断企业可持续且有效率运营的总资金需求后，还需在各类用户间公平分摊成本，进而设计各类

用户的价格结构。优化价格结构，最重要的原则是责任者负担，即“谁用谁出钱、多用多出钱”，同时兼顾可执行性，要简单透明，便于用户理解和执行。

3. 制定规制信息上报和搜集系统，降低信息不对称

规制经济学理论和国际实践均表明，激励性方法并未降低对成本等信息的要求，其实施也须以尽可能降低信息不对称为前提，否则垄断企业可能利用其信息优势获得超额利润。规制机构须首先设计反映行业特点和价格规制需要的规制会计制度或准则，基于功能对成本进行分类，强制要求垄断企业按规定的成本科目归集成本，从而为判断成本合理性和科学分摊成本提供基础。还需设计规制信息上报模板，要求企业定期按规定格式和要求填报成本、技术数据、用户需求、销售量、投资等与价格规制相关的信息。

4. 对垄断企业成本和绩效实施动态监测、评估

以上述完备的成本报表系统及获取的信息为基础，规制机构组织专业机构对企业提交的成本信息进行定期评估，从而约束企业成本，并为周期性价格调整提供参考。网络型垄断环节具有资本密集性特征，投资成本比重一般高达 2/3 以上。因而投资成本控制显然是价格水平控制的最关键因素，规制机构需对其实施全过程监测和评估。核定下一周期准许收入时，应要求垄断企业提交下一周期的详细投资计划、相关数据以及立项依据、经济效率测试（成本-收益分析）证明。在每一规制周期内，动态监测项目建设和费用支出进度，要求企业说明实际投资成本与预测投资成本的差异及原因。在大型项目投产后，委托专业机构对项目进行经济性审查，如项目投资被证明不审慎，则相应投资不允许计入价格。

四、我国垄断环节价格规制现代化的近期要点

上述现代化价格规制体系的构建需以相关立法、机构改革、国有企业管理体制改革为前提。对于转型经济国家和发展中国家而言，一步到位建成标准规制体系的难度较大，起步阶段决策程序的完善和透明度更加重要，也更容易实施（Anton Eberhard，2006）。在相关体制问题解决以前，我国近期可从现实条件和要求出发，将提高价格规制的规范性、科学性和透明度作为工作重点。

（一）推动政府定价向基于市场经济的价格规制转型

如前所述，网络型垄断环节价格规制是现代市场经济国家政府重要职能，是在市场失灵行业和领域实现公平、公正和优化资源配置的一项最为重要的制度安排，在政策目标、对象、手段、经济学理论依据等方面与价格总水平调控存在本质区别。因而，我国垄断环节“政府定价”应专注于自然垄断等市场失灵领域的价格合理化问题，促进资源优化配置。作为一项公共政策，价格规制的核心目标是兼顾效率和公平，保护消费者权益。效率包括生产效率、消费效率，公平指公平对待垄断企业和消费者，公平对待不同的消费者，保障基本社会公平。①

从兼顾效率和公平的目标出发，价格规制应坚持“三个平衡”原则。一是平衡垄断企业和消费者之间的经济利益，促进被规制企业有效率地可持续运营，保障消费者权益。消费者处于相对弱势地位，规制必须重点保护其正当利益。但垄断企业有效率运营前提下的合理收入也应给予保障，否则短期

---

① 参见本书第二章：刘树杰，《垄断环节价格规制的理论基础》。

虽可降低用户价格，但长期将导致投资不足、供给的质量和可靠性下降，并不符合消费者的真正利益。二是平衡不同消费者的利益，即公平分担成本，兼顾社会公平。基于不同类别消费者的成本责任制定分类用户价格，引导合理行为，促进效率提高，实现公平负担。同时，对弱势群体的基本需求，应给予一定的“照顾”，但要尽可能减少因此而导致的对效率的损害，可借鉴国际通行做法，采用定向补贴而非普遍性补贴的方式，保障居民家庭基本的用能用水需求。三是平衡具体政策预期收益和实施成本之间的关系，应坚持净收益最大化原则，如对大用户可实施相对复杂的价格结构，而对小用户通常实施相对简单的价格结构即可，因为后者的收益可能低于实施成本。

（二）建立部门间的信息共享和协调机制

价格规制是垄断环节经济性规制的核心，与投资、成本、质量等密切相关，在现代化的治理体系中，这些职能应设置于同一经济性规制部门。我国目前对垄断企业的价格、投资、质量、国有企业管理等职能分散于多个部门，导致信息未充分整合，使垄断企业在信息方面的优势地位得以强化，政府对其规制的难度进一步加大。在大规模的机构整合以前，需重点建立部门间的信息共享和协调机制。一是建立部门间信息共享机制，形成规制合力。二是在规划和项目审批环节加强成本-收益分析，对重大项目建立后评估机制，将“技改”项目纳入规制范围。同时，垄断管网的规划制定过程须公开、透明，保证利益相关方参与，提高规划的科学性和执行性。三是明确垄断环节的财务核算制度是价格规制的基础，相关部门应制定专用财务核算制度。四是来源于中央财政专项补贴的建设资金（如农网改造专项资金）不纳入国有企业绩效考核，在核定价格时按零成本资金处理。五是区别于一般竞争性国有企业，建立科学的垄断性国有企业考核机制。六是促进各级财政对垄断国有企业补贴的透明化，提高国有企业的商业化运营程度。七是我国垄断企业普遍存在大量附属企业，须加强对垄断企业关联交易的规制，出台关联交易管理办法，要求垄断企业定期提交关联交易信息。

（三）加强规制能力建设和资源保障

因垄断企业具有天然的信息优势，政府合理控制其价格并非易事。为此，发达市场经济国家为经济性规制机构配备了数量充足、知识结构合理、经验丰富的工作人员，并在需要时为其聘请外部专家提供资源保障。与之相比，我国相关部门可使用的规制资源就显得相对不足。突出表现为人员数量少，专业构成不尽合理，缺少外包专业咨询服务的制度设计。在有限的规制资源条件下，规制能力建设应重在提高质量、优化结构、整合资源。一是建立定期培训制度，对工作人员进行系统性的培训，培训内容应涉及规制经济学、技术、会计、法律知识等。二是在机构改革人员编制不减少的基础上，争取逐步增加编制；在新录用人员环节，以优化机构的专业结构为重要原则。三是建立相关部门的定期交流机制，加强与外界的沟通和联系，了解国外网络型垄断行业改革进展、规制的制度安排。四是建立广泛的、竞争性的、公开透明的咨询服务外包机制，借助外部专家力量补充规制资源，同时逐步建立较为完善的咨询服务甄选和评价、考核机制。

（四）改进规则制定和定调价程序

“依规而为”是市场经济中价格规制的本质特征和基本要求。党的十八届四中全会决定指出，要健全依法决策机制，把公众参与、专家论证、风险评估、合法性审查、集体讨论决定确定为重大行政决策法定程序。规则是定调价的依据，规则的公平是定调价结果公平的最大保障，而规则制定过程的公平又对规则是否公平、科学至关重要。我国现行《政府制定价格行为规则》适用于制定和调整价格，可从两个方面加以完善：一是将规则（部门规章）制定的程序纳入，并更名为“政府价格决策程序”，或与《政府制定价格行为规则》并行出台“政府制定价格规章规则”，就政府制定价格规章的程序进行规定，并同步建立重大规则定期评估和修改制度。二是完善现行定调价的程序，细化并公布听取社会意见、集体审议、专家论证、风险评估等环节的具体程序和内容。

（五）建立政府主管部门和垄断企业信息公开制度

在规范的规制体系设计中，规制机构和被规制企业需按要求公开信息，使公众有了解价格规制和垄断企业相关信息的途径，从而有条件参与决策、维护自身利益，形成对规制机构与垄断企业的监督和制衡。我国垄断环节价格规制信息公开的广度和深度近年来不断提高，但系统的信息公开制度尚未建立。相关政府主管部门可依据《中华人民共和国政府信息公开条例》（以下简称《政府信息公开条例》），制定网络型自然垄断环节价格规制信息公开办法，对垄断环节价格规制信息公开的范围、方式、程序、监督和保障等进行规定。相关政府主管部门信息公开的范围应包括：机构和具体业务部门介绍、联系方式；相关法律法规；部门规章、规章形成过程（如考虑的主要因素、遵循的程序等）；定调价决定形成的过程、依据等。现行《政府制定价格行为规则》中已包含的制定价格方案的内容，如“制定价格对相关行业和消费者的影响”“经营者、消费者或其代表，以及有关方面的主要意见及采纳情况”“听证报告”“专家论证意见及采纳情况”等，也应纳入上述信息公开范围。此外，还可考虑发布价格规制年度报告，就年度规制工作开展情况、垄断企业价格及相关统计数据和信息等予以公开。根据《政府信息公开条例》第三十七条规定，垄断企业信息公开要求也应纳入上述信息公开办法，包括垄断企业概况、业务范围、规章条款、网络规划、投资计划、财务报表、行业知识科普、用户价格表、账单包含内容及解释说明等。

（六）提高听证会中的消费者组织程度和公众参与能力

我国垄断环节消费者群体尚未建立具有“利益共同体”性质的组织，加之缺乏垄断行业规制的专业知识，消费者参与决策和规制的能力明显不足。而被规制企业占有绝对信息优势，组织化程度高，具有相对较强的参与能力。在现阶段，价格听证是公众参与的重要方式，其初衷是听取各方意见，使垄断企业和消费者（消费者委托的专家）有公开辩论的机会，为相关决策提供依据。但在被规制的垄断企业与消费者之间力量极不均衡的条件下，价格听证会的实际效果受损。

可考虑从三个方面对价格听证制度加以改进。一是将听证会定位为“听取意见会”，降低听证会社会成本，提高听证会效果。听证制度分为正式听证和非正式听证制度两种。正式听证制度才具有裁决的性质。价格规制实践中，许多国家采用非正式听证程序，从而给予垄断企业和消费者及其委托的专家代表双方辩论的机会，相关意见供价格部门决策参考。二是扩大听证范围。价格下调也应纳入听证范围。居民用户、非居民用户的成本和价格相互关联和影响，仅对居民价格调整进行听证，信服力不足，需将非居民价格调整同时纳入听证，使公众对垄断企业成本和价格调整形成全面的了解。三是完善听证会流程、听证材料等规定。包括：听证会上由垄断企业对消费者提出的问题进行解释和举证；提高听证材料的详尽程度，否则即使是业内专家也难以对听证的内容作出合理性的判断；在听证会结束后的规定时限内公布听证中的各方意见以及是否采纳及理由等。

（七）优化定价方法并建立规范的价格调整机制

我国目前价格水平和价格结构核定的规则还不尽完善。有效控制价格水平仍面临较大挑战。价格定期调整机制尚未完全建立，不利于为各方提供稳定预期。反映分类用户成本、引导资源优化配置的价格结构也尚未形成。

需尽快优化定价方法，建立规范的定期调价机制。一是逐步完善总收入和价格水平核定方法。优化现行回报率规制模型，细化参数确定方法。引入对标方法，建立利润、成本分享共担机制。建立与质量、产出挂钩的奖惩机制。建立鼓励创新、低碳发展的激励机制。鼓励部分地区、部分行业探索实行上限制规制模式。二是优化价格结构。以兼顾公平负担、引导合理供需、执行简便等为原则，形成反映分类用户成本、引导资源合理配置的价格结构。基于用户的消费特性，公平分担其对系统成本的责任。完善两部制、分时、阶梯价格制度。三是建立规范的定期价格调整机制。区分不可控成本和可控成本，不可控成本定期自动调整，通过对标等方法形成可控成本降低的激励。

（八）研究制定规制会计制度（或准则）与成本信息报告制度

我国适合价格规制需要的专用的规制会计制度尚未建立，现行按通用会计准则记录和归集的成本，不能为判断成本合理性以及分摊成本、形成科学价格结构提供进一步的基础。信息定期报送制度缺乏，不能动态监测垄断企业成本、经营信息以及核价预测成本（收入需求）与实际成本（销售收入）

的偏差等，不利于降低信息不对称进而提高规制的绩效。可从以下两个方面建立完善相关制度：

一是建立规制会计制度或准则，确保被规制企业的会计信息系统能够生成规制所需的会计信息和报告。规制会计制度旨在体现规制对垄断企业会计信息的要求。即通过对规制会计账户设置、科目分类以及核算等的要求，确保企业会计信息系统能够生成规制所需的会计信息和报告，从而降低信息不对称，服务于下一周期价格的核定。规制会计制度的内容应涵盖：总则，界定规制会计制度的目标、适用范围，明确规制会计制度与《企业会计准则》等财务制度的关系；规制会计政策，明确成本归集、分配与核算的原则，各类业务独立核算以及内部交易报告的相关要求；账户设置、科目分类要求及核算原则，分类需满足价格规制要求，考虑价格核定所需的成本参数，反映成本发生的原因和用途，从而便于判断成本支出的合理性。

二是建立年度规制会计报告制度，为周期性成本监审和价格核定提供针对性的基础信息。以规制会计制度为基础，制定年度规制会计报告制度，搜集价格规制所需的财务和其他信息。垄断企业每年应在规定时间按程序提交、披露经审计的年度规制会计报告。年度规制会计报告的内容应包括企业一般信息、控股公司情况、收入、折旧表、运行维护费、本年新增资产及建设、运行维护成本、需求统计指标、对子公司投资情况，以及本年度实际成本与准许成本的比较等。可由政府委托具有资质的专业机构按上述规制会计制度、规制会计报告编制要求开展审计。借鉴国际通行做法，年度规制会计报告可作为周期性成本监审与价格核定的参考，但不构成约束，同时，垄断企业需说明周期性核价时提交的成本与年度规制会计报告中的成本的关系，从而形成对垄断企业成本的动态约束，提高规制的效率。

（执笔：杨娟）

参考资料目录

[1] BROWN A C，STERN J，TENENBAUM B，et al. Handbook for Evaluating Infrastructure Regulatory Systems [R]. The World Bank，2006.

[2] EBERHARD A. Infrastructure regulation in developing countries：an exploration of hybrid and transitional models [R]. A paper prepared for the African Forum of Utilities Regulators 3rd Annual Conference. 15－16 March 2006，Windhoek，Namibia.

[3] BARON D P，MYERSON R B. Regulating a Monopolist with Unknown Costs [J]. Econometrica，1982，50 (4)：911－930.

[4] PARKER D. Regulation of privatized public utilities in the UK：performance and governance [J]. International Journal of Public Sector Management，1999，12 (3)：213－236.

[5] GEORGE L. The origins of utilities regulation and "The Theories of Regulation" debate [J]. Journal of Law and Economics，1993，36 (1)：289－323.

[6] AVERCH H，JOHNSON L. Behavior of the Firm Under Regulatory Constraint [J]. Ameirica Economic Review，December 1962.

[7] 2015－2016 Annual Report and Accounts [R]. Office of Gas and Electricity Markets (Ofgem)，2016.

[8] SANFORD V B. Natural Monopoly Regulation：Principles and Practice [M]. Cambridge University Press，1988.

[9] SMITH W. Utility Regulators-Roles and Responsibilities [R]. The World Bank，Viewpoint Note No. 128，1997.

[10] 让-雅克·拉丰，让·梯若尔. 政府采购与规制中的激励理论 [M]. 石磊，王永钦，译. 上海：格致出版社，2014.

［11］保罗·萨缪尔森，威廉·诺德豪斯．经济学（第十七版）［M］．萧琛，主译．北京：人民邮电出版社，2004.

［12］W. 帕吉·维斯库斯，约翰 M. 弗农，小约瑟夫 E. 哈林顿．反垄断与管制经济学［M］．陈甬军，等译．北京：机械工业出版社，2004.

［13］丹尼尔·F. 史普博．管制与市场［M］．余晖，何帆，钱家骏，等译．上海：格致出版社，2017.

［14］丹尼斯·W. 卡尔顿，杰弗里·M. 佩罗夫．现代产业组织（第四版）［M］．胡汉辉，顾成彦，沈华，译．北京：中国人民大学出版社，2009.

［15］植草益．微观规制经济学［M］．朱绍文，胡欣欣，等译．北京：中国发展出版社，1992.

［16］刘树杰．论现代监管理念与我国监管现代化［J］．经济纵横，2011（6）：1-7.

［17］刘树杰．价格机制、价格形成机制及供求与价格的关系［J］．中国物价，2013（7）：69-73.

［18］王伟光．努力推进国家治理体系和治理能力现代化［J］．求是，2014（12）.

第二章
垄断环节价格规制的理论基础

内容提要： 所谓价格规制，就是政府或法律授权的公共机构依据规则对被规制者定价行为的限制。价格规制的对象是部分微观经济主体，价格规制必须按规则进行。从经济学的角度看，价格规制所以必要，是因为存在“市场失灵”而又“关乎公共利益”的行业或经济活动。与政府所有政策追求一样，公用事业价格规制也应以促进效率与公平为基本目标。公用事业价格规制的内容包括企业总收入（也称总价格或平均价格）和价格结构两个方面。经济合作与发展组织（以下简称经合组织）曾组织资深规制专家研究成员国的规制政策，这些专家给成员国政府的建议中，提出了好的规制应具备以下七个条件：独立性、规则和程序明晰、规制机构职能完备、可预见、公众参与、透明、可问责。

价格规制（也被称为监管、管制）是现代市场经济体制的重要内容。我国已基本完成了由计划经济向社会主义市场经济的过渡，政府定价在经济发展和社会公平中的作用广受关注。但基于市场经济的价格规制与计划经济的物价管理大相径庭，启动我国物价治理的现代化进程需要现代价格规制理论的指导。本章由三部分构成：前两部分试图澄清一些国内常用而又可能存在理解误区的基本概念或理论认知；第三部分对现代价格规制的前沿理论作总括性介绍。

一、价格机制与价格形成机制的内涵

（一）何谓价格机制

“价格机制”是经济学的基本概念，也是我国改革开放后经济文献中最常用的概念。什么是“价格机制”呢？“机制”的词源是生物学和医学，指人类等生物体维持其特殊生命形式所必需的某种内在的机能，如人体有免疫机能、平衡机能等。经济学中的价格机制，就是市场经济体内在的一种平衡机能。

在市场经济中，价格机制或者说价格的平衡机能是如何体现的呢？主要是调节资源配置，具体表现为：①调节生产。任何企业的生产决策，都取决于价格水平与其期望的目标间的关系，如果价格足够高，则机器就会发动，如果价格继续上涨，则产量也会随之增加。②调节消费。无论可供产品如何稀少，只要价格合理，哪些人用得多一些，哪些人用得少一些，消费者自己会作出合适的选择。③调节投资。价格的涨落，指示了供求关系和经营收益变化的方向，可使资源自动从低收益处向高收益处流动，因而资金投向哪里，如何使用，也要靠价格信号的指引。

（二）何谓价格形成机制

“价格形成机制”一词在我国的使用也很普遍。但经济学典著中没有“价格形成机制”的概念，据笔者考证，“价格形成机制”属中国特产，产生于改革开放初期。改革开放前的我国“社会主义价格学”中，已有“价格形成”的概念，意指“价格是如何定出来的”。改革开放后，西方经济学广为传播，其中又以“价格机制”最早被接受和使用，“价格形成”也随之与“机制”连接，产生了所谓的“价格形成机制”。“价格形成机制”在绝大多数文献中的含义差别不大，大多以价格制度、定价规则等影响价格的因素为背景。因此，所谓“价格形成机制”，就是“影响价格及其变动的各个要素及其相互关系”。

二、价格形成的基本原理

（一）何谓“供求决定价格”

什么叫“供求关系”？供求关系怎样决定价格？这是价格理论的核心问题。西方经济学所说决定价格的“供求关系”，不是指市场上的既定的供给量和购买量间的关系，而是指两条变动方向相反的曲线即供给曲线与需求曲线的关系，进一步说，就是“费用同效用的关系”。下面将简要阐述本研究对“供求决定价格”有关概念及其相互关系的理解。

1．需求：价格与购买量的关系

作为西方经济学的概念，需求不是指市场上既定的购买量，更不是指消费者的主观愿望。需求是价格的函数，是指一定价格下的购买者愿意购买的数量，因而是价格与购买量的关系（见图 2-1）。在图 2-1 中的 D 是需求曲线，曲线上各点表示消费者准备按一定价格购买的商品数量，而 D_1 则表示需求变化到一个更高的水平。我们看到，购买量随价格上升而减少，随价格下降而增加。

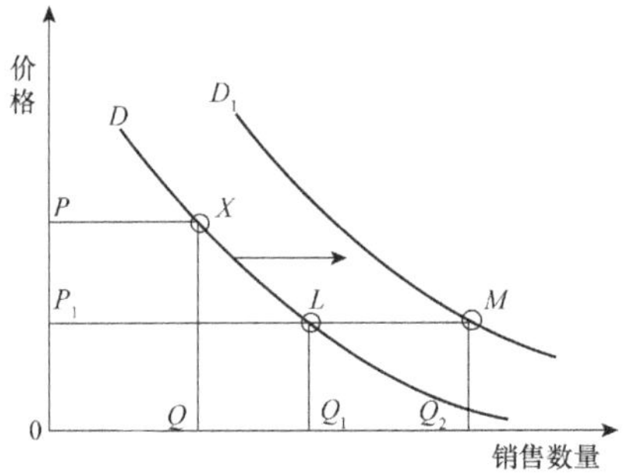

图 2-1 需求曲线

为什么需求曲线向右下方倾斜？什么原因会导致需求曲线的位置移动？决定需求曲线向右下倾斜的主要原因是边际效用递减规律。西方经济学视效用为一种主观感受，将效用定义为人们消费物品得到的满足。满足程度越高，对物品的评价就越高，也就越肯为此付钱。而人们获得的满足程度会随着消费量的增加下降，对物品的效用评价也随之降低。因此，在正常的情况下，需求曲线必然是向右下方倾斜的。由于可支配的收入总是有限的，因而人们要使购买到的总效用最大，就应让购买的每一种物品的边际效用相等，从而实现购买费用在各种消费间的最佳配置。决定需求曲线位置移动的，主要是偏好、收入、预期和替代品价格。例如，随着收入的提高，人们对一些物品效用的评价也会提高，从而可接受的价格水平也会提高。总体来看，需求的变化与偏好和收入正相关，而与预期和替代品价格的变动方向相反。

2．供给：价格与供给量的关系

正如需求不同于购买量一样，供给也不是市场上既有的供给量。它是指在一定价格下生产者愿意向市场供应的商品量。因此，供给也是价格的函数，表示价格与供给量的关系。在图 2-2 中，S 是供给曲线。我们看到，供给量随价格的上升而增加，随价格的下降而减少。S_1 表示供给的变化——在原有价格水平上，生产者愿意供给更多产品。

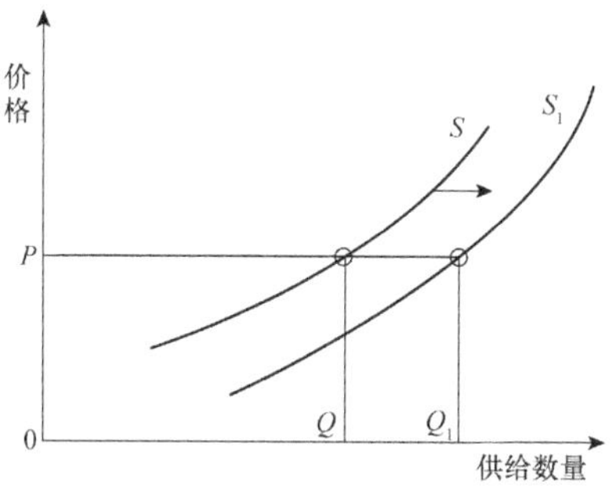

图 2-2　供给曲线

供给曲线向右上方倾斜，源于边际成本变化的规律。产量增加一个单位所导致的直接成本的增量，叫作边际成本。或者说，新增加的那个单位产量导致总成本的增加额，就是边际成本。我们知道，任何一个行业都有其最优的要素组合，进而决定了产量的最优规模。当产量达到企业的最优规模后，如果继续增加产量，边际生产率就下降，从而单位产品的边际成本也随之上升。边际成本上升可容忍的程度，取决于其与边际收益的比较。边际收益是指售卖新增加一个单位所导致的收益的增量。只要边际收益大于边际成本，生产就有利可图，可变投入就会继续增加，从而边际成本就可继续上升，直到边际成本等于边际收益，可变投入的增加才会停止，边际成本也不再上升。所以，一般情况下，供给曲线必然向右上方倾斜。

3．均衡价格：使供给量与购买量相等的价格

均衡的概念也源于物理学，是指一种状态，这种状态只有受到外界因素干扰时才会发生变化。既然供给与需求的运行曲线正好相反，二者的关系必然如图 2-3 所示。在图 2-3 中，S 表示供给曲线，D 表示需求曲线。在影响供给曲线和需求曲线位置与形状的因素不变的情况下，当价格为 P_1 时，生产者愿意提供的产量是 P_1K，而需要量只有 P_1L，生产者必须降低价格到 P_2，才能消除需求缺口 LK。价格为 P_2 时，需要量是 P_2M，但生产者只愿提供

P_2N，价格也必须上升到 P_1，才能消除供给缺口 NM。而价格一旦升到 P_1，则需求的量就又回到了 P_1L，市场又出现了剩余。只有价格水平到 P，供给曲线与需求曲线相交于 A，供给量与需求量才会相等，市场处于均衡状态，既无积压，也无脱销。A 点被称为均衡点，与之对应的价格 P 被称为均衡价格，也称“市场出清”价格。竞争会使供给与需求互动的过程不断地循环往复，并使均衡得以自动实现。

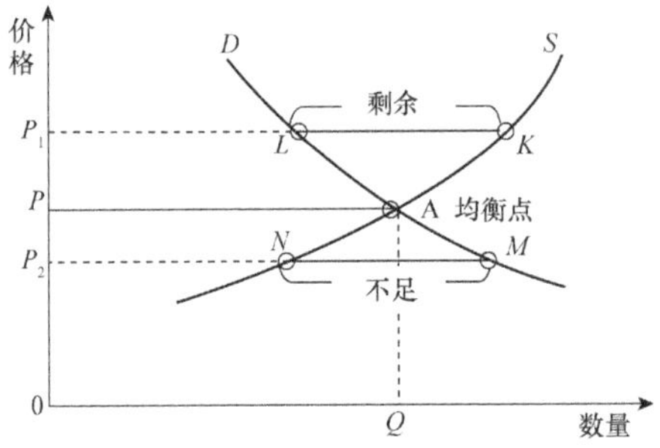

图 2-3 均衡价格的形成

4. 市场价格、短期均衡价格、长期均衡价格及其相互关系

根据西方经济学的观点，价格按照“时期”（市场时期、短期、长期，这里所说的时期不是用天、月、年等具体的时间单位划分的，而是以生产者调整供给量的能力为依据）可划分为三个层次，即市场价格、短期均衡价格、长期均衡价格。

(1) 市场（即期）价格。市场价格即市场上的售卖量难以调整而形成的价格。此时产品已经生产并进入市场，供给量的调整余地很小，特别像水果、水产品等不易储存的产品，如遇丰收或季节性集中上市，即使价格迅速下跌，仍会有一部分产品不能卖出。再如图 2-3 中的 P_1 和 P_2 所示，任何一个新产品上市，初期的定位都不可能完全准确，都有一个根据市场反应反复调整的过程，因而大量的、现实的价格都是与产品略有脱销或略有过剩相对应的非均衡价格。所以，均衡只是相对的，是一种趋势，而不均衡是绝对的，是市场的常态，用劳埃德·雷诺兹的话说，“在任一特定时刻，如果对市场做一快照，市场总是不均衡的”。

（2）短期均衡价格。短期是指一种或若干种生产要素在数量上固定（主要是厂房和设备的数量不能调整）的时期，因此，短期供给曲线必然是一条向右上方倾斜的曲线。图 2-3 中的 A 点可以视作短期均衡点，与之对应的 P 就是短期均衡价格。由于短期内产量的增加和减少都受制于固定要素的调整能力，这就使供给在短期供求关系中处于被动地位，因而短期均衡价格的主导因素是需求。

（3）长期均衡价格。长期是指上述固定要素能够改变，即可建新工厂或者老工厂被废弃的时期。图 2-4 中的 PS 是一个长期供给曲线。如果需求变动，如从 D 到 D_1，新的工厂和设备将被建成，产量将由 Q 提高到 Q_1。由于长期内固定要素是可调的，生产者一定对生产要素之间做最佳比例的配置，如果科技、自然资源等其他条件不变，成本就会回到原来的水平。由此，长期供给曲线就不再是向右上方倾斜，而是一条水平线。在竞争的条件下，价格也会回落到原来的水平。所以，长期均衡价格的主导因素是成本。

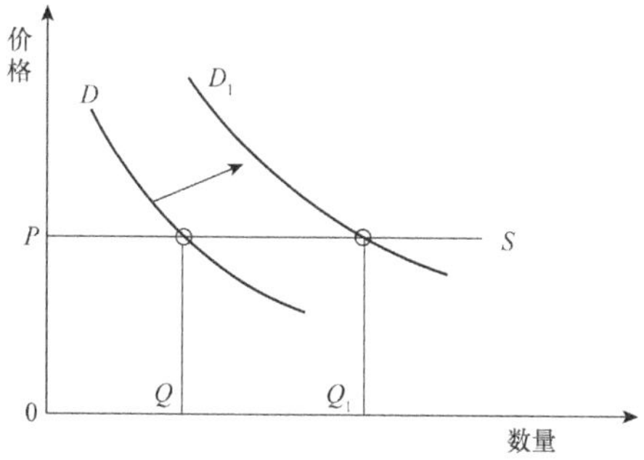

图 2-4　长期均衡价格的形成

成本之所以能够主导长期均衡，是因为需求终归要以支付能力为基础。成本低的产品，社会需求就大一些，成本高的产品，社会需求就小一些甚或根本没有需求。对此，马克思在《资本论》第 3 卷也指出：“既然社会要满足需要，并为此目的而生产某种物品，它就必须为这种物品进行支付。事实上，因为商品生产是以分工为前提的，所以，社会购买这些物品的方法，就是把它所能利用的劳动时间的一部分用来生产这些物品，也就是说，用该社会所能支配的劳动时间的一定量来购买这些物品。”[①] 例如，为什么许多好的技术发明得不到采用？如太阳能汽车，无污染，能源又取之不尽，但目前几乎谈不上真正意义的市场需求，主要原因就是成本太高，从整个社会的角度看，还不具备消费太阳能汽车的支付能力。可见，一种产品可否消费，消费多少，归根结底取决于该产品的成本。只要价格能反映产品的合理成本（不仅是正常的内部成本，也包括环境、资源等外部成本），消费量就会自动调整到合理的水平。

（4）市场价格、短期均衡价格、长期均衡价格三者之间的关系。根据前面的分析，我们看到，市场价格是供给量难以调整条件下形成的价格，因而也是我们每时每刻看到的实际交易的价格，从而也是最表象的价格。短期均衡价格是基于部分生产要素可调而在供给与需求的互动中形成的市场出清价格，在短期内，它是市场价格运动的中心或趋势；长期均衡价格是所有生产要素都能调整条件下的价格，它以正常的成本为基础，如果其他条件不变，此价格将既不会导致资本的流出，也不会引来新的资本流入。因此，长期均衡价格是最深层次的价格，不仅是市场价格运动的中心或趋势，也是短期均衡价格运动的中心或趋势。

5．主导长期均衡的成本包括正常利润

需要补充说明的是，西方经济学讨论价格时所说的成本，不是指会计成

---

① 马克思，《资本论》（第三卷）第二篇第十章“一般利润率通过竞争而平均化”，人民出版社2018年版，第208页。

本，而是指经济学意义上的成本，是包括正常利润在内的总的费用支出，因而称为经济成本。经济成本由“会计成本＋正常利润”构成。正常利润也不一定是平均利润。均衡价格论创立者马歇尔将正常利润定义为：资本流入与流出相等时的利润。这对理解现代经济的结构调整尤为重要：由于各行业间在竞争程度、风险程度等诸多方面差别很大，因而资本在各行业间的分布，不可能都由平均利润率来调节。

6. 基本结论

（1）西方经济学所说供求决定价格，本意是指价格决定于“费用和效用的关系”。

（2）均衡价格只是市场价格运动的趋势。

（3）价格在短期内由需求主导，长期内由成本决定。

（二）西方价格理论与马克思价值论的异同

在了解西方经济学“供求决定价格”的真实含义后，它与马克思价值论的异同就比较清晰了。

1. 不同之处：价值的本源

马克思认为：价格是价值的外在表现，价值的本原是劳动，而且是“凝结在商品中的无差别的人类劳动”。因此，不管价格如何涨落，只要“凝结在商品中的无差别的人类劳动”不变，该商品的价值就不会变化。

西方经济学认为：价格就是价值，价值是人们的一种主观感受，因而价值也就是物品的效用，其源泉不仅有劳动，还有土地、资本等其他生产要素。如果没有非市场因素的影响，一件物品的成交价格，就是购买或生产该物品

“值”与“不值”的标准。如果价格涨了，就是价值大了，如果价格降了，就是价值小了。“值”与“不值”取决于该物品的效用，效用大小因人而异且边际递减。效用有正负之分，能使人愉悦的效用如物质或精神享受就是正效用，而使人感到不舒服的谋生性劳动和“储蓄”（限制当下的消费属于“节欲”，也让人不舒服）就是负效用。正效用就是收益，负效用就是成本。但是，把价值归结为人的主观感受，并不等于说价格可随人们的主观意志确定。因为市场上有众多的买者或卖者，各市场参与方的价值判断不可能一致，甚至可能是相互冲突的，实际成交的价格，就是由这些不一致或相互冲突的主观感受总合而成的，因而虽然每个人的价值判断是主观的，但结果却是客观的，是不以每个买者或卖者的主观意志为转移的。

2. 共同之处：价格形成机制

尽管在“价格是什么”或“价值的本源”上存在根本的区别，但除此之外，西方价格理论与马克思价值论的分歧并不明显，尤其在“价格是怎样形成的”层面上，二者是完全相融的：①二者都认为价格决定于费用和效用的关系。②马克思的“生产价格”与西方经济学的“长期均衡价格”性质相同、作用一致。马克思在《资本论》第 3 卷中认为，商品经济发展到资本主义阶段，由于绝对地租的存在及平均利润率规律的作用，作为供求平衡的根据及市场价格运动的中心的价值，转型为“生产价格”。“生产价格”是资本主义阶段市场价格运动的根据与核心，是决定生产和消费水平的最终的支配力量。这与前述西方经济学关于长期均衡价格性质与作用的看法完全相同。③二者都认为市场均衡是相对的，不均衡是绝对的，价格的作用，就是使市场由不均衡向均衡运动。可见，就价格形成的理论而言，西方价格理论与马克思价值论之间并非对立，而是继承与发展的关系。我们对经济学各流派的态度，应建立在真正理解的基础之上，以使包括马克思经济学、现代西方经济学在内的一切人类科学成果都能为我所用，进而加快推进我国价格规制的现代化进程。

三、价格规制的理论框架

（一）价格规制的性质

现代规制（regulation[①]）起源于美欧市场经济国家，一般认为最早见于19世纪美国对铁路的规制。Regulation的中文对应词汇最早是“管制”，1992年后，由于著名经济学家朱绍文先生的建议，学术界使用“规制”的频率逐渐高于“管制”（目前仍有一些译著将regulation译为“管制”）。而“监管”一词的普遍使用，大约是在20世纪90年代中期以后，目前，其使用范围（尤其是在政府部门）大于“管制”和“规制”。目前学术界倾向于使用“规制”。

1. 价格规制的定义

什么是规制？在知名的管制经济学著作中，规制的定义不尽相同。综合各家表述，笔者将其概括为：政府或法律授权的公共机构依据规则对被规制者相关行为的限制。因此，所谓价格规制，就是政府或法律授权的公共机构依据规则对被规制者定价行为的限制。

根据规制的目的和对象，规制被分为两类：

（1）经济性规制。学术界所说的经济性规制，通常是指以垄断性行业为

① 也有人将“supervision”译为规制。但在英语中，supervision与regulation的含义有很大不同：regulation是指划定出行为的界限，用“条条框框”限制对方；而supervision是指睁大眼睛盯着对方，提醒对方注意自己的行为，因而译为监视或监督可能更为合适。

对象、以平衡买卖双方经济利益关系为目的的规制。其内容主要包括价格、服务质量、市场准入、投资、财务管理等。由于这种规制源于垄断产生的问题，因而也可称为垄断性行业规制。由于价格对垄断性企业与消费者间的利益关系影响最为直接，价格规制是垄断性行业规制最主要的内容。垄断性行业的服务质量及供应的可靠性，既关系到企业的成本，也直接影响消费者的福利，因而质量规制与价格规制互为条件。此外，为保证价格规制的绩效，规制机构须有控制垄断性企业成本的能力，因而市场准入及对企业投资、财务管理等方面的行为限制，也被纳入经济性规制的范围。在成熟市场经济国家，由于法制基础坚实，垄断性行业的服务质量及供应的可靠性问题较易解决，平衡买卖双方的经济利益关系的难点，主要是价格的核定与调整，因而价格规制被认为是经济性规制的核心。

反垄断与经济性规制有较多相通之处，如保障交易公平、提高资源配置效率等，加之有国家（或地区）将二者归由同一政府机构负责，因而也有学者将反垄断也纳入经济性规制范畴，称为公平竞争规制。但反垄断以竞争性产业为对象，以维护公平竞争为目的，以反串谋、反倾销、反不合理兼并、反滥用市场支配力等为主要内容，尽管反垄断也经常涉及价格问题，但由于与前述垄断性行业规制的目的不同，亦即不是为平衡买卖双方的利益关系，而是为维护公平竞争，从而并不需要直接限定企业的产品价格，所以，其对象、具体的目标和内容，均与前述经济性规制不同。为界限清晰起见，目前学界主流的处理方式是将反垄断纳入竞争政策范畴而与规制并列。

（2）社会性规制。社会性规制是指为保障公众健康和安全而对所有相关者相关行为的规制。社会性规制的内容较为广泛，如食品及药品安全、公共基础设施安全、环境保护等，其对象也几乎涉及经济和社会的各个领域。因其直接关系社会的发展和稳定，所以称为社会性规制。

2. 价格规制的性质

从我国规制实践中的问题出发，这里强调以下五点：

（1）价格规制的对象是部分微观经济主体。价格规制直接限定企业的销售行为，通常以垄断性行业为对象，属于国家对局部经济活动的干预。因此，规制与货币政策、财政政策等宏观经济政策工具（或称“宏观调控”手段）具有不同的性质。国内外的实践均已证明，价格规制不能解决通货膨胀问题，更不可能实现经济的稳定增长和充分就业。正因如此，管制经济学作为经济学的分支学科，在学科分类上，被归入微观经济学而非宏观经济学。

（2）价格规制必须依规而为。价格规制直接影响当事人的利益，应平衡买、卖双方的利益关系，因而必须建立并严格执行为利益相关各方认可的规则。因此，按规则规制，说到底，就是要尊重利益相关方的合法权利，其中也包括被规制者的正当利益。在成熟市场经济国家，如果规制者不遵守规制规则，被规制者可到法院起诉规制者。那种无“规”所依或有“规”不依的政府干预，不是规制而是统制。所以，朱绍文先生在《微观规制经济学》译者前言中解释为何没按惯例将日文汉字的“规制”译成“管制”时就指出：我们国家过去有太多的管制，这些管制大多不以规则为依据，过于随意，而用“规制”替换“管制”，可以提醒人们重视规则、遵守规则。

因此，将规制（regulation）与管理（manage）混为一谈也是不对的。管理是组织内部自上而下的支配行为，管理者相对被管理者居于支配地位。而规制是组织外部的依法行使权力的行为，规制者与被规制者不是领导和被领导的关系，在规制规则面前，规制者与被规制者的地位是平等的。例如，为什么行政诉讼只适用于“民告官”，而不适用于国家机关内的矛盾处理？因为后者属于组织内的管理问题，只能由上级领导解决。

（3）价格规制基于市场经济。规制须依规而为，说到底，是因为规制基于市场经济。计划经济不需要规制。因为计划经济以“大锅饭”为特征，利益关系由政府指令性计划安排，不存在垄断性企业与消费者间的利益冲突。只有在市场经济中，才会存在此消彼长的利益冲突，从而才需要规制。所以，不能用计划经济的思维进行规制。价格规制不是“计划管理”的内容，也不是随意可用的所谓经济杠杆，除非发生战争或严重的自然灾害，否则不能冻结公用事业价格，更不能动辄对竞争性行业价格进行限制。

（4）价格规制重在“事前”解决问题。依法依规对垄断性企业产品的价格作出限定，既可事前避免垄断性企业滥用市场支配力行为的发生，避免消费者利益受到侵害和社会资源的浪费，也可减少事后纠纷解决的“交易成本”。

（5）价格规制介于行政与司法之间。价格规制具有强制性，执法色彩浓厚，但该项公共职能大多设于行政系统而并不归属司法机构；此外，价格规制的一些具体规则也由规制者制定，还使之部分承担了“立法”功能。

（二）价格规制的原因

为什么要规制？学者间的解释也不尽一致，有“市场失灵”“公共利益”“法律局限性”等多种说法，甚至还有人认为规制是由被规制者设计出来的。我们分析，上述说法的差别主要源于不同的视角，相互间并无本质性的分歧，有些甚至可以互补。

1. 基于经济学的分析

从经济学的角度看，价格规制所以必要，是因为存在“市场失灵”而又“关乎公共利益”的行业或经济活动。

（1）市场失灵。规制是对经济自由的限制，因而市场失灵是价格规制的首要原因。但市场失灵是多方面的，如自然垄断、外部性、信息不对称、公平分配、经济整体的稳定性等，都是市场机制不能解决的问题，需要不同程度、不同方式的国家干预。而适用于价格规制方式干预的，主要是自然垄断和信息不对称。自然垄断源于成本的“弱增性”，具有成本“弱增性”的行业独家经营比竞争更有效率，但独家经营会导致对市场的垄断，使经营者有条件通过提高价格而不是效率获取利益；信息不对称导致买卖双方对交易信息占有上的巨大差距，形成卖方对买方的市场支配地位。两者均可导致消费者的正当权益受到侵犯，并降低资源配置的效率。而价格规制可直接规定垄断行业经营者的产品或服务的价格水平，使其通过垄断高价获取利益的空间受到限制，并一定程度上改变卖者由信息优势所形成的市场支配能力，改善消费者在市场交易中的地位，进而平衡卖者与买者间的利益关系。

（2）关乎公共利益。市场失灵的行业或经济活动并非一定要有规制。因为规制是一种国家职能，也要耗费公共资源，只有规制的社会收益大于规制成本，规制才可实施。如果市场失灵对公共利益无明显损害，就没有必要规制。例如，古代名家的画作具有唯一性，卖家在交易中处于绝对的垄断地位，但古代名家画作并非人类生存所必需，且这种垄断只影响该画作交易者的利益，与公众福祉并无关系，因而无论价有多高，涨势多猛，也无须价格规制介入其中。

当然，关乎公共利益的行业或经济活动，也并非一定要进行规制。例如，粮食的供需与公共利益的关系最为密切，但由于市场机制可在粮食供需调节中发挥基础性作用，因而我国政府早已放弃对粮价的管制。

所以，是否需要价格规制，既不能只看市场是否失灵，也不能以关乎公共利益作为唯一的根据，而是两个条件须同时具备。就我国现阶段而言，同时具备这两个条件的，主要是铁路、供电、供水、供暖等具有自然垄断性质的公用事业等领域。

2. 法学、政治学的解释

基于公共治理结构的视角，法学、政治学对规制原因的解释，是“法律的局限性”。大体有以下两层意思：

（1）立法者和法官专业知识缺乏。立法者多为政治通才，法官也大多没有足够的产业知识背景，因而发生在专业性、技术性较强领域的利益争端和公共利益保护问题，法律条文难以详细涉及，法官断案能力受限。但规制机构可分专业设立，既有足够的专家，也可专注于特定领域，因而上述问题交给规制机构解决更有效率。

（2）法庭不能事前解决问题。法庭解决问题通常为事后惩罚，但此时对公共利益的危害已经发生。而规制属事前防范，如对公用事业产品价格的限定，可事前消除垄断经营对公共利益的侵犯。所以，对一些专业性较强的公共利益保护问题而言，相比“打官司”，规制可更多减少公共利益的损失。

（三）价格规制的目标与原则

1. 价格规制的政策目标

与政府所有政策追求一样，价格规制也应以促进效率与公平为基本目标。

（1）价格规制中的效率。什么是效率？一般而言，可理解为资源的优化配置。具体到公用事业，效率的外延应包括以下三个方面：一是被管制企业的生产效率。主要指提高劳动生产率、降低成本等。二是产品消费的效率。不同的用户有不同的消费偏好和支付能力，哪些用户消费应多些？哪些用户消费应少些？什么时候消费更合适？由此而导致的不同的消费结构，关系公用事业产出直接的社会福利水平，也进一步影响相关产业的结构能否合理。三是行业的系统运行效率。价格规制大多以网络型产业为对象，生产、流通和消费均须通过共用的网络才能完成，上述三个环节不仅互为依存，而且各环节内部的各组成部分之间（如发电环节的各个机组之间、用电环节的各个用户之间），也因有共用网络的连接而互相影响，存在系统性效率（或风险）。因此，价格规制不仅要约束和激励被管制的企业降低成本、提高效率，促进合理消费结构的形成，而且也应有利于网络运行的安全与稳定，提高系统整体的运行效率。

（2）价格规制中的公平。公平是一个复杂的概念，视角不同，定义也有多层，简单理解就是“人人平等”。在公用事业价格规制中，公平有三层含义：一是平等对待消费者和被规制企业。规制者的角色，可比之体育比赛中的裁判员和民事审判庭上的法官，既不能偏袒被管制企业，也不能只顾消费者诉求。二是公平分担成本，也可称“责任者负担”。公用事业行业依赖共用网络系统运行，自然会发生大量的共同成本。但不同的用户间由于消费方式的差别，对这种共同成本形成的责任并不相同。价格结构的设计，应使各类用户的价格与其成本责任相符，这就是公平分担成本。三是平等的生存权利。在现代文明社会，维持生存所必需的公用事业产品如基本数量的饮用水、照明等，被认为是基本的人权。为此，价格规制除应坚持“责任者负担”外，还应兼顾低收入阶层平等的生存权利，使之有能力购买生存所必需的公用事业产品。递增的阶梯式价格结构，就是一种体现“平等的生存权利”的规制制度安排。

2. 价格规制的基本原则

价格规制的基本原则也称价格规制的主要依据，是“效率与公平”政策目标的具体化。根据成熟市场经济国家的经验和我国物价部门的实践，应该遵循以下四点：

（1）被规制企业有效率且可持续运营。要使被规制企业运营有效率而又可持续，其正常的成本支出必须能够回收。所谓正常的成本支出，主要分为两部分：一部分是为规制机构认可的会计成本，称为准许成本；另一部分是规则允许的使用资本的成本，称为准许利润或准许回报。

（2）公平负担。其含义与上文关于公平的第二层含义相同。

（3）兼顾社会政策目标。包括上文关于公平的第三层含义。也常被用于支持节能和可再生能源发展等可持续发展政策的推行。

（4）便于理解和执行。如前所述，“世上没有免费的午餐”，政府的任何一项政策，都不仅为社会带来收益，同时也会使社会为之付出成本，价格规制也必须建立在“成本-收益”分析基础之上。在政策效果相同的前提下，具体方案的设计应尽可能减少执行的成本。简而言之，一是要便于公众（特别是各利益相关方）的理解；二是要便于有关各方职责的履行，减少沟通及监督的费用和执行错误造成的损失。

（四）价格规制的基本方法

价格规制的内容包括企业总收入（也称总价格或平均价格）和价格结构两个方面。

1. 两个基本的规制模型

根据理念或期望目标的差别，规制经济学把规制分为“回报率管制”和“上限制”两种模式。前者侧重于直接控制被管制企业的成本和资本报酬，被认为是“基于成本的规制”；而后者在一定期间内并不直接控制被规制企业的成本和利润，而是侧重于效率的激励，被认为是“基于绩效的规制”。

（1）回报率规制。也称“成本加成”定价或“公正报酬定价法”。基本定价模型为：价格＝准许成本＋准许利润。这种价格规制的着眼点是不能有超额利润，价格随成本变动而变动，因而成本的规制成为重点。为此，必须有适合规制需要的专门的财务规则和成本核算体系。规制机构还要有足够的技术专家，以确定被规制企业的投资项目及工程造价是否合理。被规制企业的融资也要受到规制，因为贷款利率等融资成本也会直接影响公用事业的价格。至于投资者所获得的利润，一般以正常的筹资成本为依据。而正常的筹资成本通常取决于资本市场供求和投资风险，所以，投资回报率并不总是固定在同一水平，但由于投资公用事业风险较低，因而一般以当时无风险投资回报水平（如国债利率）为基础，综合考虑投资的机会成本等风险因素后确定。“成本加成”定价是20世纪80年代前各国普遍使用的规制模式，后来很多国家对此作了不同形式的改进，目前使用最多的是美国各州的公用事业规制。

(2)“上限制”。20世纪80年代后，由于博弈论、信息经济学及机制设计理论的引入，规制经济学的发展达到了新的高度，以英国为代表的一些国家开始使用被称为“上限制”的“基于绩效的规制”方法。“上限制”又可大体分为总收入上限制和价格上限制两种形式。总收入上限制是对销售总额的限制，价格上限制是对单位平均售价的限制。无论采用哪种具体的形式，通常都需要有以下四个方面的内容：一是计算规制周期内各年有效运行、投资所需的成本和回报；二是确定控制目标允许年变化幅度；三是根据特定目标引入激励机制，如服务质量激励、环境或社会目标激励；四是对一些不确定性强、无法准确预测的成本提供特殊保护机制。下面以价格上限制为例进一步阐述上限制的基本原理。

规制机构首先对上一期成本进行核定，并以此为基础确定起始的年平均价格，以后各年（有效期）的价格就由这个起始价格乘以（1＋通胀率－效率系数）决定。通用的模型表述为：

$$P_t = P_{t-1}(1 + CPI - X) + Z$$

其中：P_t 为当期价格水平；P_{t-1} 为上期价格水平；CPI（或 RPI）为通胀率；X 为规定的效率提高标准，即效率因子；Z 为调整项。

“上限制”的核心是：在约定的期间内（通常 4～5 年），只要不突破向消费者收取费用的限定标准，成本降低的收益即可归企业所有，以激励被规制企业提高效率，降低成本，进而降低下一个规制周期的起始成本，实现价格的有效控制。

尽管“上限制”在管制期内并不限制企业的成本支出，但因为本管制期形成的成本是确定下一规制期价格上限的基础，因而“上限制”形成的价格，归根结底仍以成本为依据。

2. 引入竞争机制

（1）特许权招标。指政府通过招标方式授予企业垄断经营权。公用事业经营的招标授权，价格通常是核心内容之一。目前在供水、供气等城市公用事业规制中运用较为普遍。其道理在于，尽管垄断环节的经营是不宜竞争的，但经营权的取得是可竞争的。如果在竞标阶段有适度的竞争，价格将可被压至真实的成本水平。这种方法有两个优点：一是对规制机构掌握成本信息的要求相对较低，可降低规制成本；二是可避免被规制企业过度投资，促使其主动提高经营效率。

（2）标尺竞争，也称标比竞争。指同时规制多个垄断企业时，根据一组可比较的区域垄断企业中的平均成本或效率较高的企业成本确定各企业的价格。由此，被规制企业的准许成本不再取决于其自身成本，而是取决于与其他企业相比的相对水平。如果某企业下降的成本高于行业内其他企业平均水平，则该企业将获得更多利润，反之，则可能亏损。如英格兰能源规制机构对各区域配电公司预测成本的审核，就以绩效水平中等的地区配电公司的预测成本为依据。通过对具有可比性成本指标进行统一考核，可以激励各企业竞相降低成本。如果所有企业成本的下降都高于前一周期行业平均水平，则行业平均价格也将下调。但不同企业运行环境有结构差异，因此需要使用标杆方法，采用多个输入和输出变量，来纠正企业之间的结构差异。

（3）市场净回值定价。一种根据替代品竞争性市场价格确定被规制企业产品价格的方法。管道天然气是典型的市场净回值定价的领域，在实行天然气市场化改革之前，发达市场经济国家天然气价格规制大多采用这种方法。先是按热能当量算出天然气与可替代能源（如燃料油、液化天然气、液化石油气等）间的比值，使天然气终端售价与可替代能源竞争市场价格挂钩。在此基础上，再通过倒扣物流成本（主要是管道运输费），回推天然气管道各门站的批发价格和天然气田的出厂价格。其道理在于，虽然自然垄断性产业本身不能竞争经营，但其产品与替代品间仍然存在一定程度的竞争关系，根据其替代品的市场价格确定管制价格，间接地将市场机制引入了被规制的行业之中，不仅有利于促进生产者提高效率，而且也在更大范围内实现了资源的优化配置，并可减少买卖双方的争议，降低规制成本。

3. 价格结构的设计

所谓价格结构，不是指价格由哪几部分构成，而是指对不同类型的用户如何分类及各类用户的价格之间的关系。例如，虽然同样是电力用户，但用户的用电方式是不一样的，有的用户如居民的照明用电是间歇性的，有的用户如大工业的用电是比较均匀的，有的用户只能在系统负荷高峰时用电，有的用户可在系统负荷低谷时用电，这叫负荷特性不一样。再如有些用户是高压用电，被称为高压用户，有些用户是低压用电，被称为低压用户。而用户的负荷特性或电压等级不同，对电力系统成本的影响也明显不同。如果不对用户分类并执行不同的价格，则不仅有失公平，也无法对消费进行有效的调节，使电力系统供求平衡面临困难，降低了整个系统的安全系数和效率水平。因此，一般而言，凡是以公共网络为依托的产品或服务的价格，都应有相应的价格结构设计。

价格结构设计的基本原则是价格与成本相符，即使每类用户的价格与该类用户对系统成本的耗费基本相同。如电力的两部制定价，用户的电费支出分为容量电费和电量电费两部分，容量电费以该类用户占用系统容量及由此导致的固定成本为基础，电量电费则依其使用的电量及由此导致的系统变动成本为依据；峰谷电价是以系统峰荷、谷荷的供电成本为依据；其他如工业用户与居民用户的区分等也基本循此原则。凡是没有完整贯彻这一原则的价格结构，都被称为存在“交叉补贴”。

价格结构设计应尽可能避免“交叉补贴”。但居民用户内部的“交叉补贴”在国内外都有实践，那就是“递增式阶梯价格”。“递增式阶梯价格”是根据用户的消费量进行分段定价，价格随消费量增加呈阶梯状提高。“递增式阶梯价格”的经济学基础是“拉姆齐定价”，由英国经济学家弗兰克·拉姆齐于 1927 年提出。拉姆齐认为，对那些不同用户间价格需求弹性差异较大的商品，可通过对低价格弹性的用户定高价、对高价格弹性的用户定低价的方法，实现企业总收益最大化的目标。后来这一方法被引入公用事业价格规制中，目标是实现“总预算约束下的社会福利最大化”。但在国外的政府价格规制中，这一方法仅限于居民用户，且并非为所有的经济学家和规制机构所认同。分歧的原因，主要在于人们对该方法的“成本-收益”关系认识不同。如前所述，任何政策都是有成本的，只有成本低于收益，政策才可执行。由于“递增式阶梯价格”的执行成本在不同的国家和地区大不相同，其收益也自然会因地、因时而异。此外，与其他可替代政策间的比较，也会影响对“递增式阶梯价格”的评价。

(五) 规制的绩效保障

经合组织曾组织资深规制专家研究成员国的规制政策，这些专家给成员国政府的建议中，提出了好的规制应具备七个条件。该建议并非以中国为研究对象，但这七个条件具有普遍适用性，在此做简要的阐释。

1. 独立性

对“独立性”的简单解释，就是规制机构独立地行使法律赋予的职能。独立规制的理由主要有以下两点：

(1) 规制工作的专业性。规制是典型的专家治理的领域，因为无论是经济性规制还是社会性规制，要解决的都是一些专业性强的问题，没有相关专业背景知识的人显然不能胜任，更不应该代替规制机构决策。

(2) 规制者的裁判员、执法者角色。价格规制必须平衡买卖双方的利益关系，因而规制者的地位，本质上类似于赛场上的裁判和民事法庭上的法官。规制者的立场中立，规制的过程与结果才能公平、公正。而规制者的立场中立，又必须以不受外力干扰为前提。在选举政治的国家，政治家以取悦于选民为原则，在选举期间，为捞取更多的选票，可能作出偏向于消费者而损害被管制企业正当利益的决定。这种机会主义行为，短期内确实可增加消费者的利益，但却损害了包括消费者在内的整个社会的长期利益。为避免这种政治干预规制现象的发生，一些发达市场经济国家采取了与政府任期相错或规制机构直接向议会负责等应对措施，此外，“政、监分离”即规制机构从政府部门中独立出来的改革也已渐成趋势。

所以，规制的独立性实际包含两个层次：第一个层次的独立性是规制不要和其他政府职能混同，由专业人士处理规制问题；第二个层次的独立性是规制不为政治家选举利益所左右。在我国，重点是第一个层次的独立性问题，但不可避免地涉及行政机构的重组问题。

2. 规则和程序明晰

明晰的规则和程序，既是规制本质的体现，也是规制绩效的基础。

（1）关于规则。如前所述，基于市场经济的规制之所以不同于计划管理，根本原因是规制以法治为基础，规则面前人人平等。规则既是规制者行为的依据，也是被规制者和消费者权益的保障。如价格规制中合理价格的标准（其中又有“合理成本”、“合理投资回报”以及“有效资产”等更为具体的标准）是什么？价格何时调整？怎样调整？只有这些相关事宜规定清楚，被规制企业与消费者的利益冲突才会处于可控状态，规制者的居间调解或裁决也才能为买卖双方接受。

（2）关于程序。由于规制决定具有法庭裁决的性质，因而规制过程的透明、公正，对于结果的科学和公正至关重要。仍以公用事业产品价格为例：规制机构决定的过程须经过哪些环节，应听取哪些人的意见，是否举行听证会，都应明确并完全履行。只有履行了必要的程序，规制机构才有可能作出准确判断，相关规则才能有效执行。

3. 规制机构职能完备

职能完备是任何一个政府机构的效率基础。本应由一个机构行使的职能，如果分散于其他部门，不仅协调成本高，而且决策时效差，甚至导致决策错误。尽管价格规制是公用事业规制的核心，但如果规制机构仅有定价职能，则不可能有科学的价格决定。因为价格形成的基础是成本，而公用事业大多属资本密集型行业，投资成本占总成本的比重大，如果投资成本不能得到有效控制，则价格的合理化就失去了根基。因而在成熟市场经济国家和地区，尽管公用事业规制机构的核心业务是价格规制，但均同时拥有投资项目审批的职能，并配备相应的工程技术专家。

4. 可预见

可预见是指规制机构行为的可预期性。一个“朝令夕改”的规制，显然会使投资者和消费者均感无所适从，而令人无所适从的规制，不可能实现被规制行业的正常运营。

5. 公众参与

规制由人执行，是人就会犯错误。再说规制者也有自身的利益，所谓“规制俘获”，指的就是规制者与被规制企业间利益交换的可能性。因此，公众有效参与规制决策的过程，不仅可弥补规制者信息之不足，避免规制失误，也是直接维护自身利益最有效的途径。

6. 决策透明

决策透明是指规制机构决策依据的原则、相关信息及过程向公众公开。价格规制的决定，本质上是在消费者与被规制企业间的利益冲突中取得平衡，只有决策依据的原则、相关信息及过程向公众公开，处于弱势的消费者才可能有“维权”的能力，规制机构的行为才会受到实质性的约束，进而才可能保持立场中立。

7. 可问责

简单来说，可问责就是指规制机构犯了错误，责任如何追究，由谁纠错（也有人形容为谁来“规制”规制者）。在国外，有“规制机构垄断了法律”、“垄断性行业规制者本身也是垄断者”的说法。规制机构之所以会成为“法律的垄断者”，一是因为垄断性产业规制不同于一般的市场规制，其专业性、系统性较强，以至从某种意义上看，规制机构不仅是企业的规制者，也是企业决策的替代者，必须有很细密的规则体系与之相适应，这就要求规则制定者具备相应的专业知识。例如，在制定输电定价规则时，规则制定者不仅要懂法律和经济学，还必须同时了解电力工业的技术、经济特性。而多数立法者不可能具备这样专门的知识。所以，法律对规则的体现只能是粗线条的。因此，虽然原则性、基础性的规则可由其他权力机构如立法机构或政府部委制定，但那些具体的实施细则还是得由规制机构负责。二是因为传统意义上的垄断性产业正处于体制转变之中，特别是引入竞争的改革，使规制不断面临新的问题，有些以往不曾有过的利益争端，还必须尽快作出裁决，根本不可能等其他权力机构为此制定规则后再作处理。这也导致规制机构一定程度上担当了立法者的角色。既然规制者也是“垄断者”，当然也应被“规制”。在发达市场经济国家，如何平衡规制的独立性与规制者受“规制”的关系，目前也是探索中的问题，各国应对的方式不尽一致，总体上看，权力制衡与法制，仍是基本的选择。

（执笔：刘树杰）

参考资料目录

[1] 让-雅克·拉丰，让·梯若尔. 政府采购与规制中的激励理论 [M]. 石磊，王永钦，译. 上海：格致出版社，2014.

[2] 植草益. 微观规制经济学 [M]. 朱绍文，胡欣欣，等译. 北京：中国发展出版社，1992.

[3] 马克思. 资本论 [M]. 郭大力，王亚南，译. 上海：上海三联书店，2009.

[4] 保罗·萨缪尔森，威廉·诺德豪斯. 经济学（第十七版） [M]. 萧

琛，主译. 北京：人民邮电出版社，2004.

［5］劳埃德·雷诺兹. 微观经济学分析与政策［M］. 马宾，译. 北京：商务印书馆，1982.

［6］刘树杰. 价格机制、价格形成机制及供求与价格的关系［J］. 中国物价，2013（7）：69-73.

［7］刘树杰. 论现代监管理念与我国监管现代化［J］. 经济纵横，2011（6）：1-7.

第三章
垄断环节成本规制

内容提要：对垄断环节成本的规制是一项系统的制度安排，包括规定成本的分类、核算与相关会计信息的记录要求，成本信息的报送、评估、审核和披露，以及周期性核价中的成本审查。为进一步提高价格规制的绩效，我国需建立配套的成本规制制度。建立规制会计制度或准则，确保被规制企业的会计信息系统能够生成规制所需的会计信息和报告。建立年度成本报告制度，为周期性成本监审和价格核定提供有针对性的基础信息。完善周期性核价成本审查制度，加强对垄断环节的成本约束和效率激励。

水、电、气、热、铁路等垄断环节的成本规制内嵌于其价格规制之中，在规制经济学理论中并无专门的论述。根据成熟市场经济国家的经验，对垄断环节成本的规制是一项系统的制度安排，具体包括规定成本的分类、核算与相关会计信息的记录要求，成本信息的报送、评估、审核和披露，以及周期性价格核定中的成本审查。

一、价格规制的基本方法及其与成本的关系

自然垄断企业提供的服务和产品，不仅为社会所必需，而且其生产经营属市场失灵的领域，因而对其进行价格规制是现代市场经济国家政府的重要职能。价格规制的基础是成本，只有成本得到有效控制，管制定价的合理才有可能。无论是对垄断性企业总收入（平均价格）的控制，还是用户价格的结构设计，均需以对成本的有效规制为基础。

（一）总收入（平均价格）控制以成本为基础

1. 回报率（收益率）规制及其与成本的关系

回报率规制以限制企业的利润率为目标，其基本模型为：准许收入＝运行维护费＋折旧费＋加权平均资本成本×管制资产基数＋税收。准许收入的各项构成需以成本为基础。理论上，在回报率规制方法下，价格随实际成本变动而及时调整，以使回报率固定于一个“公正”的水平。虽然被规制企业确实无法获取超额利润（率），但消费者利益并不一定受到了保护，因为它缺少激励企业主动提高效率的机制。最典型的表现，就是存在所谓的 A-J 效应（阿弗奇约翰逊效应），即企业投资越多，对应的回报基数和可获得的回报越高，进而可能导致过度投资行为，难以真正约束成本和价格。但与理论分析结果不同，在实践中，价格调整的周期一般至少为 1 年 1 次，且呈逐步延长的趋势，如美国大部分州的核价周期为 2～5 年，因此，在下一次价格调整前，企业如能降低成本，实际利润将高于准许利润，具有一定的“激励”作用。与回报率规制方法相配套，规制机构制定了针对性的成本信息归集、上报和审查制度，要求企业在提交周期性调价申请时详细说明理由，并提供相

关证明材料，在核定成本和确定价格时引入利益相关方参与机制，形成对企业的制衡，降低成本信息不对称（参见本章第二部分）。在严格的审查制度下，企业不合理的、低效的成本支出将不被允许计入价格，因而与理论上的A-J效应不同，实践中可能出现投资不足而非过度投资。如作为回报率规制典型的美国，为解决输电投资不足的问题，在输电价格规制中引入了投资激励机制。

2. 上限制规制及其与成本的关系

传统回报率规制理论以规制机构掌握企业的全部成本信息为前提。现实中“信息不对称”问题始终存在，被规制企业相对规制机构具有明显的信息优势，并由此产生“逆向选择”和“道德风险”问题。这里的所谓“逆向选择”，是指被规制企业的决策和行为与规制机构的预期政策目标指向相反，即不是设法降低成本和价格，而是隐瞒信息、虚报成本，以期获取更高的价格。而所谓“道德风险”，则指因为被规制企业降低成本的努力程度不易被规制机构观察到，其成本下降的好处会立即表现为价格的降低，即使企业有提高效率、降低成本的空间，企业管理者也不会采取相应的措施。20世纪八九十年代以来，拉丰、梯若尔等产业经济学家将博弈论和信息经济学的分析方法引入规制问题的研究之中，创立并发展了激励性规制理论。激励性规制理论围绕降低“信息不对称”及其产生的“逆向选择”和“道德风险”问题展开，其核心思想是“激励相容”，取得“激励和抽租的平衡”。

上限制是激励性规制的典型。分为价格上限规制和收入上限规制两类。以价格上限规制为例，基本模型为：某年最高价格＝上一年最高价格×（1＋通货膨胀率－效率因子）。该规制模型的核心是：在约定的期间内（通常3～5年），只要不突破向消费者收取费用的限定标准（包括达到规定的效率提高要求），成本降低的收益至少部分可归企业所有，以激励被规制企业提高效率、降低成本，进而降低下一个规制周期的起始成本，实现价格的有效控制。

同样，与理论中简单的价格上限模型不同，实践中价格或收入上限也并非简单地按 RPI-X（零售价格指数和效率因子）调整，其对成本信息的要求与回报率规制并无本质区别，仍须以经审查的规制会计成本和合理回报率为基础，并引入利益相关者参与机制，降低信息不对称，从而尽可能减少给予企业的“信息租”。如澳大利亚电力法规定，为确定企业的收入或价格上限，规制机构必须预测其收入需求，使企业收回有效运行发生的成本（运行维护费、折旧费、融资费和税收）并提供资本回报。巴西在其第二次电力改革中为吸引投资建立了清晰的规制框架，其中一项重要的措施就是详细的规制会计系统。英国是最早系统性引入激励规制的国家，能源规制机构在实行激励性规制的初期，由于未充分理解统一会计系统的基础性作用，在运行和投资成本方面存在严重信息不对称，使垄断企业利用其信息优势获得了高额利润，因此从 2004 年开始建立了标准化会计制度和报表系统（参见本章第二部分）。

（二）分类用户价格的确定仍基于成本

一般而言，凡是以公共网络为依托的产品或服务的价格，都应有相应的价格结构设计。价格结构设计的基本原则是价格与成本相符，即使每类用户的价格与该类用户对系统成本的耗费基本相同。显然，价格结构设计也须以成本为基础。

以电网分类用户价格确定为例，其成本分摊的基本方法有两种。第一种是平均成本法（也称邮票法）。平均成本法基于自上而下的成本分摊理念，将总成本平均分摊到单位电量或容量，也可考虑区域、电压等级等差异。该方法能实现收支平衡，简单、透明、稳定，便于用户理解和执行，但不能提供较精确的位置信号。第二种是边际成本法（也称节点法）。边际成本法基于自下而上的成本分摊理念，以各用户需求变动导致的系统成本的变化作为分摊的依据，根据用户对网络的使用程度或投资责任，界定出其应分摊的成本。该方法能提供较精确的位置信号，但计算复杂，且因电网规模效应显著，边际成本低于长期平均成本，按边际成本分摊不能实现收支平衡。在终端用户价格结构设计方面，终端用户分为工业、商业、居民等，一定规模以上的工业和商业用户执行两部制电价，按容量和用电量付费，容量电费收取的目的是收回因这些用户而发生的部分或全部固定成本；其他用户执行单一电量价格（按用电量）或再加上月固定费，月固定费用于收回电表提供、安装、计量和账单等与用电量无关的固定支出。

二、垄断环节成本规制的国际实践

由于传统会计信息系统和年度财务报告不能全面而有针对性地提供价格规制需要的信息，因此，美国和英国等国家的经济性规制机构均在周期性审查被规制企业成本的同时，建立了相应的支撑制度体系，以便全面、准确地掌握被规制企业的成本信息，对其成本支出行为形成动态的约束，进而为科学的价格核定奠定坚实的基础。就成本规制的制度框架和构成要素而言，水、电、气、热、铁路等网络型垄断环节并无本质区别。考虑到英国和美国分别是上限制和回报率规制的最典型国家，电网行业是最典型的自然垄断行业，本部分以英、美电网行业为例，总结国外自然垄断行业规制会计与成本报告制度以及周期性成本审查的整体框架与核心内容。

（一）英国垄断环节成本规制相关制度

英国天然气和电力市场办公室（OFGEM）制定了规制会计准则，规制账户（年度规制会计报告）的准备、审计、披露，以及年度成本规制数据的提交、评估和报告发布制度。在周期性价格核定时，规制账户、年度规制数据、年度成本评估报告是规制机构审查成本、核定价格的重要参考。

1. 规制会计准则和规制账户制度

（1）规制会计准则及其与通用会计准则的比较。在英国，规制会计准则由经济性规制机构发布，仅适用于受规制的垄断环节，旨在为同类受规制企业规定详细的规制会计政策框架，为规制会计报告的编制定义标准模板，提供规制特别是价格规制所需的信息。规制会计准则与通用会计准则的大部分内容一致，但部分情况下需要为相应的受规制行业“量身定制”，以反映受规制行业各自的技术经济特性。总体上，规制会计准则中未包含的内容执行通用会计准则，不一致之处则以规制会计准则为准。规制会计准则的主要内容包括：规制会计所采用的会计政策；业务的定义以及如何将其纳入规制账户；成本归集、成本分配和内部再收费（关联交易）应遵循的原则。以“内部再收费”（关联交易）为例，规制会计准则必须包含受规制企业与关联方进行交易以及报告此类交易的框架，用于证明内部交易的公平、无交叉补贴和透明。

（2）规制账户（年度规制会计报告）及其与法定账户（年度财务会计报告）的比较。在英国，高质量的信息被认为对保障规制的效率至关重要。规制账户（年度规制会计报告）正是用于提供受规制企业的财务信息，反映企业实际成本与核价成本的关系，服务于周期性核价以及两次核价期间的成本绩效监控。规制账户的准备以规制会计准则为第一依据，法定账户则根据通用会计准则中的会计标准准备。因此，规制账户通常需要受规制企业修改已有的财务会计系统，以生成纳入规制账户的数据，更侧重于满足规制的信息需求。与之相比，法定账户（年度财务会计报告）的设计主要是为了满足英国公司法以及相关证券交易所上市的要求，更侧重于投资者的信息需求。

(3) 规制账户的审计与披露。规制账户须由外部审计师按严格的审计流程进行审计，以确保其符合规制会计准则的要求。自然垄断企业可聘请其法定账户的审计师或其他审计师对其规制账户进行审计。同时，规制机构保留以下权限：可要求企业聘请的审计师开展第二次审计；不满意企业审计安排时可直接任命其他审计师；对关注的特定领域，可任命同一审计机构对所有受规制企业开展审计。企业聘请的审计师须向规制机构负责。审计费用由相关企业支付，规制机构在周期性核价时予以考虑。规制机构认为受价格控制的垄断业务的成本应是透明的，因此规制账户报表需在互联网公开。如规制账户中存在商业敏感信息，经规制机构同意可以从规制账户的公布版本中删除。年度规制会计报告的主要内容有：概述（业务简介、管理架构、能源政策、财务绩效、受规制业务、其他业务、会计原则等）；董事长声明；独立审计报告；附录（受规制业务补充分析等）。

2. 年度成本数据的提交、评估和报告发布制度

在上述规制会计准则和规制会计报告的基础上，英国规制机构进一步制定了年度成本数据的提交、评估和评估报告发布制度，企业提交的年度成本的数据来源于上述规制账户，且二者的总成本须保持一致。以配电行业为例，由于在核定第 4 个规制周期（2005 年 4 月—2010 年 3 月）配电价格的过程中，从配电企业收集和分析成本耗费了大量工作，政府决定从 2005 年 4 月起实施年度成本报告和评估制度，目的是提高配电企业提交的数据的有效性和一致性，监测配电企业的实际成本并与准许成本进行比较，为下一周期核定价格提供成本信息。

(1) 年度成本规制数据包及其注解说明的提交。年度成本报告制度的核心内容是规制数据包和指南。规制数据包采用 Excel 工作簿的形式，内容包括：上一周期实际成本与准许成本的对比以及更新后的管制资产价值；关键

性的成本信息以及支持性的明细表，其中对成本进行细分的程度，取决于更好地理解成本驱动因素以及规制机构比较分析的需求；相关技术信息。当某一项或某一类业务成本超过上一年度一定范围时，配电企业须提交注解说明。如果配电企业没有与规制数据包要求对应的成本统计，则其需要在不同的业务之间分摊成本，并在注解文件中详细说明分摊的方法和前提假设。配电企业每年必须尽快提供配电许可证中所要求的信息，最晚不能迟于财政年度结束后的 7 月 31 日。如推迟时间，须获得规制机构的书面同意。配电企业提交规制数据包时应附有一份由公司董事签署的信函，确认提交的数据包已按照规则完成。如有必要应重新提交规制数据包，但须基于规制机构与配电企业之间的书面文件进行。

（2）年度成本评估及评估报告发布。规制机构可自行也可委托专业机构对被规制企业提交的成本数据进行详细评估。年度成本评估报告须向社会公布，其内容包括评估流程、行业绩效、下一步工作。其中，“行业绩效”是报告的主体，包括：每一家配电企业上一年的成本、本年度的实际成本、本年度准许成本及其偏差情况；每一家配电企业更新后的管制资产价值，内容包括年初净值、预测增加值、实际增加值、折旧费、年末净值；每一家配电企业的资产负债率及其与核价时资产负债率取值的比较情况等。

3. 周期性核价中的成本审查制度

在英国，规制机构通过周期性的“价格控制”（Price Control）来限制垄断企业的最高准许收入。以配电行业第 5 个价格控制审查（DPCR5，2010 年 4 月—2015 年 3 月）为例，规制机构于 2008 年 12 月启动 DPCR5，发布政策文件阐述实施价格控制的方法和激励机制，2009 年 12 月形成最终决定，确定每一家配电企业（DNO，共 14 家）在 2010—2015 年各年的最高准许收入。

最高准许收入控制的模型为 $R_t = R_{t-1}$（$1 + RPI - \mathrm{X}$），即规定下一规制周

期第一年最高准许收入和之后各年的最高允许变化范围。第一步是计算各年收入需求。各配电企业按规定的格式和要求提交预测成本。规制机构根据配电企业提交的预测成本、历史成本、各企业间的对标、效率提高要求、第三方评估结果、相关利益方的建议等，决定各个参数的取值，计算出各年基本收入需求，再根据“激励津贴”“直接通过成本”等进行调整，并对企业的财务健康程度进行评估，确定出下一规制周期各年的收入需求。第二步是确定第1年最高允许收入以及各年允许变化幅度。计算依据为周期内各年最高准许收入贴现之和等于各年收入需求贴现之和。虽然据此计算的各年最高准许收入与预测收入需求不一定完全匹配，但有利于整个周期收入和电价的平滑。

综上可见，最高准许收入确定的基础是成本。因此，规制机构认为“DPCR5的核心要素之一是评估2010年至2015年的网络投资和运营成本的有效水平”。从其详细评估过程和方法看，历史投资和运营成本是基础。在整个核价期间，配电企业预测的支出总计154亿英镑，规制机构花费6个月时间与每个配电企业讨论其业务计划并进行成本评估，最终核定的成本平均低于配电企业提交的预测值的14%。具体过程为：2009年2月，配电企业根据规制机构规定的Excel表和相关填报指南，提交历史年份、本规制周期未结束的年份（即2009年、2010年）和核价周期（2011—2015年）各年的预测成本，以及详细的解释说明。之后，规制机构使用模型进行评估，与各配电企业进行详细讨论，使其有机会提供进一步的反馈，证明预测的合理性。2009年5月，规制机构发布核价方法和初步结果文件，具体包括成本评估方法的详细信息以及若干核心成本参数的初步结果。2009年8月，规制机构发布初步核定方案，征求各方意见。2009年9月，规制机构发布更新函，重点关注因需要来自配电企业和其他各方的进一步信息，而无法在初始方案中确定的成本。2009年10月，规制机构发布更新后的准许成本和收入。

（二）美国垄断环节成本规制相关制度

美国联邦能源管制委员会（FERC）制定的分行业的统一账户系统，对账户设置、科目分类、核算方法等均作了详细的规定，并以此为基础设计了详细的年度和季度报表，企业必须如实、及时填报，提交和公布经审计的年度财务报表。在周期性价格核定时，年度财务报告是规制机构审查企业成本的重要依据之一；企业同时还需书面说明，其内部会计系统成本分类如何转换为统一账户系统中的科目分类，以及如何使用统一账户系统中的成本预测下一周期的收入需求。

1. 统一账户制度

根据法律规定，联邦能源管制委员会管辖范围内的电力公司、天然气管道公司、石油管道公司，须按照相应的统一账户制度（规制会计制度）保存其账簿和记录。统一账户制度的制定遵循美国通用会计准则，而后者对价格受规制的行业有相应的特殊条款规定。统一账户制度是用于规制的会计模型，主要目标是保证被规制企业的会计信息系统能够生成规制机构要求的报告，确保规制者获得制定公平合理价格所需的财务信息。被规制企业需要说明其内部账户系统的成本分类如何转换为统一账户制度中规定的科目分类。以电力行业统一账户制度为例，主要内容包括：词汇注释、总体说明、电力设备和运行费用指导、各大类账户科目表、编号、名称及具体内容，其中各类账户的科目表按用途和功能进行了详尽的分类，便于规制机构根据企业提交的数据了解成本发生的原因，进而判断合理性。

2. 年度财务报告的提交、审计和披露制度

（1）年度财务报告的用途和内容。除了向股东提交年度报告外，被规制

企业还需按联邦能源管制委员会规定的格式提交年度财务报告（年度规制财务报告）。如根据联邦电力法案规定，年度财务报告是对电力企业的年度规制要求，目的是从受规制的主要电力企业收集财务和运营信息。年度财务报告由联邦能源管制委员会依据统一账户制度编制，共包括 66 张表格，主要涉及企业一般信息、股东情况、控股公司情况、管理人员信息、财务报表、资产、在建工程、收入、折旧、职工薪酬、税收、本年新增设备及建设运行维护成本以及电力运行信息统计等。

（2）年度财务报告的审计、提交和披露。根据联邦电力法案相关规定，电力企业须聘请独立注册会计师，对其提交的年度财务报告是否符合统一账户制度及披露要求进行审计。这些审计可作为规制机构周期性检查的补充，但不构成约束。法案同时还对独立注册会计师的资质进行了限定，以确保其独立性。年度财务报告的性质为非机密的公共用途表格，在规制机构和企业网站均有公布。年度财务报告须在次年 4 月 18 日前提交，季度财务报告须在季度结束后的 60 日内提交，用于对年度财务报告进行补充。被规制企业如未按时报告将受到法律规定的处罚。对于年度财务报告，被规制企业还须同时提交公司管理人员电子版证明、致股东年度报告。在年度财务报告提交后的 30 日内，企业须提交独立注册会计师认证声明，确保年度财务报告的内容、附注和总会计师承诺符合统一账户制度的要求。

3. 周期性核价中的成本审查制度

美国大部分州采用回报率规制（也称为服务成本规制）模型核定垄断企业准许收入，与传统回报率模型相比，公用事业公司面临着比以往更强的成本控制激励和约束。以加州为例，其规制框架为：以 3 年为规制周期，预先设定每一年的准许收入，除少数不可控成本外允许通过“专项平衡账户”调整外，其余成本高于或低于预测成本的部分由企业自行承担，同时，企业还面临着审慎的成本审查，不合理支出将面临不被认可的风险。此外，加州还引入了服务于特定目标的绩效激励机制，包括能源效率激励机制、可靠性激励机制等。

周期性的准许收入和价格核定（批准）被称为“一般价格案件（General Rate Case，以下简称 GRC）”，用于确定被规制企业准许收入及其在各类用户之间的分摊，分两个阶段进行。州公用事业法案要求公用事业企业以公正合理的价格提供安全可靠的服务。在每个 GRC 启动时，首先由被规制企业提交申请，说明下一周期各年的收入需求以及理由、证明文件，消费者组织等利益相关方就企业提交的 GRC 申请提交意见和理由，加州公用事业委员会（CPUC）审查企业提交的详细成本数据和各方提交的证词、材料，批准 GRC 周期第 1 年（称为测试年）的预算，第 2 年、第 3 年（称为后测试年）的预算则根据测试年批准预算、通货膨胀因子和其他可能影响成本的因素（如新增投资项目）确定。

以加州 PG&E 电力天然气公司 2017—2019 年 GRC（第一阶段）为例。[①] 2015 年 9 月 1 日，PG&E 公司向加州公用事业委员会（CPUC）提交 GRC 申请，提出 2017—2019 年各年收入需求、各项成本构成以及相关证明文件。2016 年 3 月 3 日，CPUC 的安全办公室（OSA）[②] 发布该 GRC 申请的风险和评估报告，并于 3 月 25 日举行专题讨论会。2016 年 4 月 8 日，CPUC 的消费者保护办公室（ORA）[③] 就 PG&E 公司提交的 GRC 申请提交意见和证词。

---

① 资料来源：美国加州公用事业委员会 https://www.cpuc.ca.gov。

② 安全办公室（OSA）是 CPUC 最新成立的部门，于 2016 年秋季依法成立，旨在“倡导持续、经济有效地改善公共设施的安全管理和安全绩效”。

③ ORA（Office of Ratepayer Advocates）是 CPUC 内部的一个独立分支机构，是数百万消费者的重要代言人，其成立的原因是“大部分消费者既没有时间也没有资源来理解和参与加州复杂的规制流程”，因而通过组建由分析师、工程师、经济学家、律师和审计员组成的专业团队，在所有重要的 CPUC 行政诉讼（Proceedings）和其他论坛中代表公用事业用户，从而确保“获得与可靠和安全服务水平一致的最低服务价格”。CPUC 行政诉讼既包括周期性的 GRC 诉讼，也包括相关规则的制定和修改。ORA 将最多的资源投入对消费者每月账单影响最大的问题上，主要方式之一就是参与 GRC 诉讼，对 GRC 申请进行深入的审查，提出基于事实的建议。2018 年，ORA 通过降低公用事业收入、避免价格上涨和消费者退款等方式为消费者节约支出超过 33 亿美元。

2016年4月29号，各利益相关方提交证词，说明对GRC申请的意见和理由。2016年5月27日，被规制企业PG&E提交了反驳证词，同时调低了收入需求。各方签署“联合和解协议”，就收入需求达成一致意见。此后各方继续进行“和解讨论”，2016年8月3日召开和解会议，就财务和重要技术问题进行逐项讨论，会议结束后，各方签署了“联合和解协议”，如有尚未达成一致意见的事项也一并列出。协议方包括①：PG&E、ORA、TURN、CFC、NDC、SBUA、A4NR、CforAT、CUE、CAUSE、EDF、MCE、Merced ID、Modesto ID、SSJID。2017年5月，CPUC发布正式决定文件，批准PG&E公司2017—2019年各年准许收入。主要依据为：审查联合和解协议以及各方提交的书面证词和工作文件、和解会议上的讨论，以及证据听证会上的证词。在决定文件中，CPUC对联合和解协议各项成本以及相关技术问题进行逐项审查和评价，比较和评价了各方的预测成本、方法以及“和解”结果，表明是否同意各方达成的协议以及理由。

三、建立健全我国垄断环节成本规制制度的基本思路

如前所述，成本是价格规制的基础。然而垄断企业并不会主动提供和暴露成本信息，且占有信息优势。因而成本规制需要系统的制度设计，才能降低成本信息不对称，提高成本规制的效率，提供价格规制所需的高质量的成本和运营信息，促进垄断企业降低成本提高效率。目前我国对自然垄断行业成本进行规制的主要手段是成本监审。成本监审是指“定价机关通过审核经

① 其中，ORA、TURN、CFC和NDC代表燃气和电力消费者（包括低收入消费者）的利益；SBUA代表小企业的利益；A4NR代表了关注PG&E核电运行的消费者的利益；CforAT代表了残疾人消费者的利益；CUE代表了PG&E和州内其他公用事业企业员工的利益；CAUSE代表了关注公共事业安全的消费者的利益；EDF代表了消费者在环境问题上的利益；MCE代表了关注绿色电力的消费者的利益；Merced ID、Modesto ID和SSJID代表了灌溉区的利益。

营者成本，核定政府制定价格成本（简称定价成本）的行为，是政府制定价格的重要程序，是价格规制的重要内容”。2002 年底出台的《重要商品和服务价格成本监审暂行办法》，首次在价格管理中提出成本监审的概念。2006 年，在 2002 年暂行办法的基础上修订发布《政府制定价格成本监审办法》。2017 年 10 月，再次修订下发《政府制定价格成本监审办法》（国家发展改革委 2017 年第 8 号令）。《关于推进价格机制改革的若干意见》（中发〔2015〕28 号）、《关于进一步加强垄断行业价格规制的意见》（发改价格规〔2017〕1554 号）等文件均强调了成本监审的重要性。近年来，成本监审工作由点到面逐步开展，在合理降低实体经济成本、推动垄断行业价格改革、促进垄断企业提高效率等方面发挥了重要的作用。然而，成本监审只是对已形成的成本的事后评价，而要真正对垄断性行业成本形成有效约束，必须在事前和事中就有相应的规制措施。根据发达市场经济国家的经验，结合我国的实际，我国成本规制的核心制度是规制会计制度、年度规制会计报告及审计制度、周期性成本审查制度。

（一）建立规制会计制度或准则，确保被规制企业的会计信息系统能够生成规制所需的会计信息和报告

规制会计制度旨在体现规制对垄断企业会计信息的要求。即通过对规制会计账户设置、科目分类以及核算等的要求，确保企业会计信息系统能够生成规制所需的会计信息和报告，从而降低信息不对称，服务于下一周期价格的核定。规制会计制度的内容应涵盖：一是总则。界定规制会计制度的目标、适用范围，明确规制会计制度与《企业会计准则》等财务制度的关系。二是规制会计政策。明确成本归集、分配与核算的原则，各类业务独立核算以及内部交易报告的相关要求。三是账户设置、科目分类要求及核算原则。分类

需满足价格规制要求，考虑价格核定所需的成本参数，反映成本发生的原因和用途，从而便于判断成本支出的合理性。

（二）建立年度规制会计报告制度，为周期性成本监审和价格核定提供有针对性的基础信息

基于通用会计准则的年度财务会计报告不能满足价格规制的需要，需以规制会计制度为基础，制定年度规制会计报告制度，搜集价格规制所需的财务和其他信息。垄断企业每年应在规定时间按程序提交、披露经审计的年度规制会计报告。年度规制会计报告的内容应包括企业一般信息、控股公司情况、收入、折旧表、运行维护费、本年新增资产及建设、运行维护成本、需求统计指标、对子公司投资情况，以及本年度实际成本与准许成本的比较等。可由政府委托具有资质的专业机构按上述规制会计制度、规制会计报告编制要求开展审计。借鉴英国和美国的做法，年度规制会计报告可作为周期性成本监审与价格核定的参考，但不构成约束，同时，垄断企业需说明周期性核价时提交的成本与年度规制会计报告中的成本的关系，从而形成对垄断企业成本的动态约束，提高规制的效率。

（三）完善周期性核价成本审查制度

一是制定定价数据包模板和填报指南，要求企业在规定时间以前填报数据包及注解说明。该数据包由一系列相互关联的Excel工作簿组成，输入信息为核价所需的成本参数和需求信息等，输出信息则为准许收入以及各项成本参数。需在下一周期开始一年以前要求企业提交数据，包括本周期已完成年度以及最后一年和下一周期各年的预测数据。其中，本周期已完成年度成本

中，如单项变化超过一定数额以及一定比例时，需在注解说明中详细说明理由，必要时提供支持文档。二是以定价数据包及注解说明、经审计的年度规制会计报告等为基础，对历史成本实施监审。由于有上述规制会计制度和年度规制会计报告作为基础，成本支出合法性、相关性审核所需的工作量较小，成本监审应以合理性审核为重点。其中，实际成本与准许成本偏差较大的项目，可委托专业机构开展合理性评估。对于投资金额较大的项目，也需实行严格的事后审查。三是对企业提交的预测投资和运维成本开展合理性评估。引入横向和纵向对标方法，确定各企业下一周期主要成本项目的准许水平，促进效率较低的企业提高投资和运行效率。委托专业机构开展投资成本评估模型研究。对于具有较大需求或投资不确定性的投资项目，可采取事前部分或全部不予计入并结合事后审查的方式。四是考虑建立专项平衡账户机制，处理不可控成本。如由自然灾害等不可抗力原因发生的费用支出，实际税收与预测税收支出的偏差等。五是在相关法律法规中明确垄断企业按价格规制要求保存、记录和提供、披露信息的义务，明确政府部门强制被规制企业提供规制所需信息以及在必要时实施罚款的权限等。

（执笔：杨娟）

参考资料目录

［1］Regulatory Accounts Inter-Regulatory Working Group. The role of regulatory accounts in regulated industries ［EB/OL］. （2001－04－01）［2020－02－01］. https://www. ofgem. gov. uk/sites/default/files/docs/2001/04/the-role-of-regulatory-accounts-in-regulated-industries-10-04_0. pdf.

［2］Office of Gas and Electricity Market. Electricity Distribution Cost Review 2004/05 ［EB/OL］. （2005－12－01）［2019－12－26］. https：//www. ofgem. gov. uk/sites/default/files/docs/2005/12/12245-263 _ 05. pdf.

[3] Government Publishing Office of the United States of America. Electronic Code of Federal Regulations: Part 101—Uniform System of Accounts Prescribed for Public Utilities and Licensees Subject to the Provisions of the Federal Power Act [EB/OL]. (2019-02-01) [2019-12-03]. https://www.ecfr.gov/cgi-bin/text-idx?SID=127bab3af2feee382c4a863d4c7b93a9&mc=true&node=pt18.1.101&rgn=div5.

[4] Federal Energy Regulatory Commission. FERC FORM No. 1: Annual Report of Major Electric Utilities, Licensees and Others and Supplemental [EB/OL]. (2020-04-01) [2020-04-10]. https://www.ferc.gov/sites/default/files/2020-04/form-1.pdf.

[5] 杨娟. 自然垄断行业成本规制国际实践及启示 [J]. 价格理论与实践，2020 (1): 62-64.

第四章
垄断环节规制会计准则设计

内容提要：现阶段，我国亟须建立专业的规制会计准则使规制机构获取垄断企业真实的会计信息，实现有效的价格规制。英美等发达市场经济国家在充分的法律授权下已经建立了较为完善的规制会计准则体系，以及由通用会计准则向规制会计准则过渡的实施办法。我国未来制定实施规制会计准则还面临着一些有待克服的困难，包括我国的特殊情况加大了规制会计准则和过渡办法的制定难度，以及法律、审计和人才的支持保障力度不足等。为服务于构建垄断行业价格规制体系，建议尽快启动制定分行业规制会计准则，建立被规制企业会计信息定期报送制度，制定过渡计划并分步实施规制会计准则，完善规制职能分配与立法保障。

企业的会计信息是规制机构用以制定产品价格或规定企业收入上限的依据。企业的会计信息都是通过会计核算形成的。规制所需的会计信息与一般性会计信息不同，我国根据现行的通用会计准则形成的会计信息无法满足规制的需要。规制机构需要通过制定和实施规制会计准则，对会计信息的记录和报告进行规范，以获取规制所需要的会计信息，实现有效规制。本章拟深入分析和总结成熟市场经济国家规制会计准则设计的经验，在此基础上根据我国国情、针对重点行业提出我国规制会计准则的设计框架、主要内容、由通用会计准则向规制会计准则过渡的办法以及规制会计准则的实施步骤。

一、规制会计准则的定义及作用

（一）规制会计准则的定义

规制会计准则是用于规范企业会计信息的一套标准或规则，由法律授权的特定机构依据法律法规、通过一定的程序制定，对被规制企业经济性交易的会计记录、处理、计量和报告进行规范。规制会计准则只适用于垄断行业等特定领域的被规制企业。被规制企业记录会计信息、编制财务报表都需要遵守通用会计准则的要求和规定。被规制企业根据规制会计准则将各种经济性交易分别归类和记录为资产、负债、收入、费用项目的变化。

（二）规制会计准则的作用

规制会计准则的出现源于垄断企业的特殊性。垄断企业的生产经营特点与一般企业有着很大的不同。为满足规制的需要，规制机构需要为被规制行业建立特殊的会计准则，确定适合垄断行业的会计核算方法，以获得真实有效的会计信息。

被规制企业根据规制会计准则设置规制会计要素和账户、记录会计事项、编制规制财务报表、按要求向规制机构提交会计信息。如此规制机构便能获得准确有效的会计信息，根据企业提供的会计信息合理设定被规制企业的准许收入和产品价格，实现对垄断企业在价格方面的有效规制，节约规制成本。规制会计准则能有效减少企业通过不当的会计处理扭曲会计信息的行为。规制会计准则要求被规制企业采用特定的会计处理方法，减少了企业操纵会计信息的空间，能够有效防止被规制企业实施价格歧视、交叉补贴和扭曲竞争等不良行为。

(三) 规制会计准则与通用会计准则的区别

通用会计准则（Generally Accepted Accounting Principles，GAAP）是用于指导企业如何对经济性交易进行会计上合理分类和处理的一个框架性文件。例如，将各种经济性交易分别归类和记录为资产、负债、收入、费用项目的变化。在发达市场经济国家，通用会计准则适用于所有企业。规制会计准则建立在通用会计准则之上，以通用会计框架来编制规制账户。规制会计准则又不同于通用会计准则，它既体现了规制的需要，又体现了明显的行业特色。规制会计准则的出现源于垄断企业的特殊性。电力等垄断企业的生产经营特点与一般企业有着很大的不同。美国最早认识到，为满足规制的需要，规制机构需要为被规制行业建立特殊的会计准则，确定适合垄断行业的会计核算方法，以获得真实有效的会计信息。20 世纪 30 年代末，美国《联邦电力法》(The Federal Power Act，FPA）授权美国的电力规制机构——联邦电力委员会来制定规制会计制度，即“联邦电力法规制下的公用事业和特许经营企业而制定的统一会计制度”(以下简称为《公用电业统一会计制度》)。该会计制度适用于《联邦电力法》规制下的所有公用事业，以及所有遵循美国能源规制委员会会计规定的特许经营企业。英国也于 2001 年颁布实施了规制会计制度的讨论稿。日本、澳大利亚、丹麦、芬兰、德国、意大利、卢森堡、葡萄牙、西班牙等国也纷纷对电力等被规制行业制定了具有法律效力的规制会计准则，要求被规制企业进行专门的会计核算，以规范和约束会计账户的核算及会计报表的编制、审计和披露。

规制会计准则与通用会计准则有一些明显的不同。一是适用范围和服务对象的区别。首先，通用会计准则普遍适用于所有类型的企业，规制会计准则只是为被规制企业的会计行为提供一套会计政策和规则，在选择会计政策的空间方面要小于通用会计准则。其次，通用会计准则主要是报告企业的盈利能力、财务状况等信息，以满足投资人等企业外部利益集团的需要，同时也为企业内部管理提供信息；规制会计准则是服务于规制机构和其他相关主体，提供受规制业务的成本、收益和资产等会计信息。二是会计准则的内容存在不同。这些区别主要集中在资产、收入、费用或成本、利润的规定上。美国规制会计准则与通用会计准则的重大区别表现在对电力资产、费用、关联交易等可能影响价格、市场竞争的经济事项提出了不同的核算和披露要求。英国规制会计准则与通用会计准则之间最重要的差别在于资本化的范围、电力设备和工具、资本支出、资本化的利息以及固定资产的再评估方面。

二、成熟市场经济国家规制会计准则的主要内容及实施步骤

（一）规制会计准则的基本原则

一是完整性。通过规制会计准则，规制机构能够持续获得规制所需的完整的会计信息。

二是灵活性。规制会计准则的制定不是一蹴而就的，规制会计准则应当提供一个信息平台，能够根据规制需求的变化而改变。

三是连续性。规制会计准则应当尽可能地与现行的企业会计处理方法和会计惯例相协调，使规制会计准则的实施给企业带来的转换成本最小。这就要求准则制定机构深入了解所在国被规制企业现行的会计处理惯例、各业务

环节和企业的详细情况等。

四是合法性。规制会计准则应与现行的会计法律法规和国际会计准则相协调。

五是透明性。规制会计准则的制定应当有规制机构、被规制企业和专家顾问共同参与，考虑到企业、消费者等各方利益，减少规制俘获问题的发生。

六是多用途性。规制会计准则在满足规制需求之外还能用于满足企业的其他需求，如税收、经营管理等，以使规制会计准则的实施能给企业带来更多有益的作用。

七是费用分配的一致性。被规制企业在进行会计处理时需要将多项业务共同的间接费用在规制与非规制业务以及业务的各个环节之间进行分配，为保障费用分配的合理性，各企业费用分配的标准和参照的因素应当统一。

（二）规制会计准则的主要内容

在成熟市场经济国家，规制机构通常在法律授权下制定和实施详细的规制会计准则，其核心内容是有效资产的取得、折旧、收入、费用和产品价格的成本构成，同时也对会计信息的报送、审计与公开制定了细致的规则。

1. 业务分类及会计账户设置

首先，被规制企业的全部业务应当被分为被规制业务和非规制业务两类，两类业务分别用不同的账户进行记录及核算。以水电企业为例，被规制业务一般包括：水力发电厂和抽水蓄能发电厂的发电业务、向终端用户配送电业务、电网输电和运营业务、用户接入业务。相应地，被规制的会计信息通常包括与上述业务有关的营业收入、提供用户接入服务所获得的收入、营业费用、辅助业务的费用、修理费、管理费用、基建费用、用户接入费用等。非规制业务包括：水力供应、与企业运行无关的投资活动、娱乐服务。

其次，分环节设置会计科目和账户。例如，美国《公用电业统一会计制度》对资产和费用分为发、输、配、售四个环节进行科目及账户设置。设立了 150 多个一级账户核算各具体环节的运行与维护费用。将输电环节的运行和维护费用明细账户分为：变电站运行费用、架空输电线路费用以及地下输电线路费用等 8 项运行费用和变电站设备维修、架空输电线路维修以及地下输电线路维修等 7 项维修费用账户。此外，还把资产细分到不同生产环节的各项业务。电网企业的电力设备可以划分为发电资产设备、输电资产设备、配电资产设备、无形资产和公用资产设备。其中，输电资产设备又包括土地和土地使用权、房屋建筑物和改良工程、输电线路（该科目下以输电线路的材质设明细科目，如电缆输电线路，铁塔输电线路等）、输电线路设备（该科目下还可设明细科目，如输电线路、输电设备等）、变电站设备（该科目下设置明细科目，如变压器、换流设备等）、用电计量设备、通信线路及设备（该科目下可细分为通信线路、通信设备）、塔与固定附件、地下管道以及道路和小径等明细账户。

在账户编码方面，首先是区分类别，必须包括四种类别及其账户：一是资产负债表相关账户，二是利润表相关账户，三是经营活动类账户，四是资产负债表外账户，每一类别赋予一个一位数的编码。每个大类之下是一组账户，每个账户分别被赋予一个两位数的编码，这一层次的账户被称为一级账户，之下依次是二级、三级账户。分别对应三位、四位数编码。对账户进行细分是为了保障规制机构分析数据的需求，子账户可以设置多达十位数的编码。

2. 资产核算

被规制的垄断行业多是资本密集型行业，有效资产的数额直接影响企业收入的多少，为防止被规制企业通过增加投资而获得更多的收入，规制机构一般会严格规制资产，规定哪些投资项目形成的资产可以作为有效资产核算产品价格水平。例如，电网企业输配电线路和变电设备的资产可以全部确认为有效资产。其他的公用设施与输配电资产中包含了一部分闲置及生产过剩的资产，要计算公用设施中的有效部分，剔除无效部分。

对资产核算的规制主要聚焦于以下方面：一是对入账价值的规制。折旧后最优重置成本法是计量有效资产价值的初始值采用的主要方法。[①] 英国国家能源部门和澳大利亚竞争和消费者委员会（ACCC）颁布的相关规章制度都规定了在输电企业中，规制资产价值的计量主要采用折旧后最优重置成本方法。二是对电力设备资产的购买与处置。美国统一会计准则详细地规定了资产购买的处置应如何计入账目，以及处置的收益和损失的记录和计量规则。根据规制会计准则的规定，规制委员会需要掌握所有新建、扩建和增加的资产，以及资产的增加情况。除非事先得到规制委员会的批准，否则被规制公用事业企业的任何超过一万美元的用于新建、扩建、增加和改善工厂和设备的支出，都不得计入回报率基数中。除非被规制的公用事业企业能够证明这些资产对提供公共服务是有用的，并且已经被用于提供公共服务。

3. 成本核算

成本核算是指归集和分配生产和服务提供过程中所发生的费用并按规定的方法计算成本的过程。以电网企业为例，对成本核算的规制主要有以下内容：

一是将电力输配电业务与其他业务分离，单独核算输配电成本，并设立

① 有效资产价值的计量方法分为以成本为基础和以价值为基础两类。以成本为基础的计量方法主要有：历史成本计量，历史成本指数计量，重置成本以及折旧后最优重置成本。以价值为基础计量方法包括：公允价值、净现值、剥夺价值及最优剥夺价值。

详细的账户，防止辅业成本计入主业成本的情况发生。二是将费用归集和分配到各项业务的成本中（见表 4-1）。

表 4-1 准许成本的核算

准许成本	按业务（电压等价）划分
输电成本	为 500kV 输变电生产发生的成本支出及应承担的公共费用。一般包括 500kV 输变电资产的折旧费、材料费、修理费、其他费用等和生产管理人员的工资、福利费以及承担的公共费用
	为 220kV 输变电生产发生的成本支出及应承担的公共费用。一般包括 220kV 输变电资产的折旧费、材料费、修理费、其他费用等和生产管理人员的工资、福利费以及承担的公共费用
配电成本	为 110kV 输变电生产发生的成本支出及应承担的公共费用。一般包括 110kV 输变电资产的折旧费、材料费、修理费、其他费用等和生产管理人员的工资、福利费以及承担的公共费用
	为 35kV 及以下输变电生产发生的成本支出及应承担的公共费用。一般包括 35kV 及以下输变电资产的折旧费、材料费、修理费、其他费用等和生产管理人员的工资、福利费以及承担的公共费用
公共费用	间接为输配电业务服务而发生的支出，如公司机关管理中心、调度、修试等部门发生的不能直接归集到以上四个电压等级的费用。可按资产人员、售电量、直接费用比例等进行分摊

资料来源：根据美国统一会计准则内容整理，详见本章参考资料目录［1］［2］。

（三）规制会计准则体系的构建与实施步骤

第一步：明确规制会计准则的目标。设计制定规制会计准则时应当考虑所在国现行的会计准则、税收规则和国际会计准则，使新制定的规制会计准则尽可能地与现行规则高度相容，使企业根据规制会计准则重新组合会计信息所花费的成本最小，争取以较少的变动实现规制的目标。例如，如果在所在国的通用会计准则下，费用是按功能进行分配的，那么规制会计准则最好也要求按功能而不是按性质对费用进行分配（见表 4-2）。

表 4-2　按性质分类与按功能分类的利润表的区别

按性质分类	按功能分类
收入	收入
其他经营收益	销售成本
产成品和在产品的变动	毛利润
耗用的原材料和易耗品	其他经营收益
雇员成本	销售费用
折旧与摊销费用	管理费用
其他经营费用	其他经营费用
经营费用总额	经营利润
经营活动形成的利润	

资料来源：作者根据相关资料整理。

第二步：制定对规制会计信息报送的要求。研究制定信息报送要求时除了考虑规制机构的需求之外，还应当实地走访被规制企业的管理层，寻找适用于企业实际情况的最佳方案。在税收信息方面，需要系统地研究现行税法和税务部门对涉税会计记录的报送规定。还需要仔细研究被规制企业现行所有财务报表里的信息，将其中的信息重新分类归入新的规制会计准则中，这对有效实施规制会计准则意义重大。

第三步：设计制定规制会计准则。通常是针对每个行业制定分行业的规制会计准则。各行业的规制会计准则都需要有一个结构性框架。通常包括以下几个部分：第一部分是规制会计准则的法律授权和准则的适用范围。第二部分是相关定义及其解释。第三部分是各个被规制行业通用的规制会计基本准则（General Instructions）。接下来的三个部分都是针对各行业的会计准则。分别是对设备核算的具体规定、经营成本核算规则和对各类账户详细核算内容的规定。

专栏　美国规制会计准则的结构性框架

第一部分是相关定义。对会计制度所涉及的41个重要会计术语作出详细解释。

第二部分是会计基本准则（General Instructions）。包括以下内容：企业的分级（对不同规模的企业进行分级，明确哪一类的企业可以不使用规制会计准则）、会计资料保存要求、会计科目设置、会计分期、会计科目的列示、重大例外事项的会计处理、上一期项目的会计处理、未经审计项目的会计处理、营业费用等费用的分配、人工费的分配、基于权责发生制进行会计记录、对每个工厂/设施（如发电厂、输电线路）分别建立会计账户、对各分部门（如煤气、水力等）分别建立会计账户、对每个项目工程分别建立会计账户、关联交易的记录、或有资产和负债的记录、长期负债的会计处理、递延所得税的会计处理、租赁的分类和会计处理、资产减值的会计处理、其他收入的会计处理、衍生工具的会计处理、资产弃置义务的会计处理等。

第三部分是对电力设备核算的具体规定。

第四部分是电力经营成本核算规则。

第五部分是对各类账户详细核算内容的规定。包括会计科目编号、会计账户和会计科目、对需要计入会计账目的经济交易的具体规定、在会计账目中记录经济交易所需遵从的规则等。

资料来源：Electronic Code of Federal Regulations，March 30，2018。

第四步：完善规制会计准则草案。草案完成后应征求各方意见，制定机构在仔细研究各方提出的建议和反馈后对草案进行修改完善；然后由全国性规制机构、如国家电力规制委员会批准通过规制会计准则。

第五步：制定由现行的通用会计准则向规制会计准则转换的过渡计划。

并根据税收条例，规范部分会计处理的调整方法。过渡计划的内容包括：会计账户的调整、资产价值的重新评估、有形资产和无形资产的折旧、费用的分配等。

第六步：实施规制会计准则。实施规制会计准则需要几大支撑要素。一是会计记录。实施规制会计准则需要制定实施法规使被规制企业保留规制所需的会计记录。二是审计支持。为保障规制会计准则持续实施下去，需制定实施与规制审计有关的政策和步骤，周期性地对被规制企业的会计信息进行审计。三是法律保障。通过法律向规制机构授予充分的权力，并对规制机构的规制权力和职责作出详细的规定。

（四）由现行通用会计准则向规制会计准则的过渡方法

为使企业根据规制会计准则重新组合信息所花费的成本最小，通常采用的过渡方法是将现行的二级账户直接转换为相应的规制账户或非规制账户，并根据需要新设若干规制或非规制账户，对原二级账户下的三级和更细分的账户进行归类调整。具体以水电企业为例来说明收入类账户和费用类账户调整的方法。

1. 收入类账户的过渡调整方法

该方法将现有的二级账户——销售电力收入、提供服务收入、销售商品收入、金融活动收入等转换为相应的规制账户或非规制账户。其中，第一类"销售电力收入"账户中的业务都是被规制业务，因此可整体转换为规制账户，新账户名为"销售电力收入—输电公司的规制业务"，账户编码（×××01×××××）中用"01"体现其规制账户属性。第二类"提供服务收入"账户中既有被规制业务、又有非规制业务，因此处理方法是将"提供服务收入”账户平行转换为规制账户“提供服务收入—输电公司的规制业务”，另外新设立同级非规制账户“提供服务收入—输电公司的非规制业务”。原二级账户“提供服务收入”中的“输电服务”“用户接入服务”和“临时性服务”等三级账户随原二级账户进入规制账户“提供服务收入—输电公司的规制业务”；原二级账户“提供服务收入”中的“休闲娱乐服务”三级账户被移出原二级账户，归入新设的非规制业务账户“提供服务收入—输电公司的非规制业务”。第三类“销售商品收入”、“让渡资产使用权收入”、“金融活动收入”、“其他收入”账户中的业务都是非规制业务，因此可整体转换为非规制账户，对应的新账户名分别为“销售商品收入—输电公司的非规制业务”、“让渡资产使用权收入—输电公司的非规制业务”、“金融活动收入—输电公司的非规制业务”、“其他收入—输电公司的非规制业务”（见表 4-3）。

表 4-3　水电集团输电公司收入类账户调整方法

现行通用会计准则下的收入类账户	规制会计准则下的收入类账户
（一）销售电力收入	该账户整体平行转为规制账户“销售电力收入——输电公司的规制业务”
来自平衡市场的电力销售收入	作为规制账户“销售电力收入——输电公司的规制业务”下的子账户
无功电能销售收入	作为规制账户“销售电力收入——输电公司的规制业务”下的子账户
（二）提供服务收入	该账户平行转为规制账户“提供服务收入——输电公司的规制业务” 另外新增非规制账户“提供服务收入——输电公司的非规制业务”
输电服务	作为规制账户“提供服务收入——输电公司的规制业务”下的子账户
用户接入服务	作为规制账户“提供服务收入——输电公司的规制业务”下的子账户
临时性服务	作为规制账户“提供服务收入——输电公司的规制业务”下的子账户

续表

现行通用会计准则下的收入类账户	规制会计准则下的收入类账户
休闲娱乐服务	被移出该账户组，归入新设的非规制业务账户“提供服务收入——输电公司的非规制业务”
（三）销售商品收入	该账户整体转为非规制账户“销售商品收入——输电公司的非规制业务”
食物销售	作为非规制账户“销售商品收入——输电公司的非规制业务”下的子账户
快餐和自助餐厅销售	作为非规制账户“销售商品收入——输电公司的非规制业务”下的子账户
其他产品销售	作为非规制账户“销售商品收入——输电公司的非规制业务”下的子账户
（四）让渡资产使用权收入	该账户整体转为非规制账户“让渡资产使用权收入——输电公司的非规制业务”
出租	作为非规制账户“让渡资产使用权收入——输电公司的非规制业务”下的子账户
利息和股息	作为非规制账户“让渡资产使用权收入——输电公司的非规制业务”下的子账户
（五）金融活动收入	该账户整体转为非规制账户“金融活动收入——输电公司的非规制业务”
外汇交易	作为非规制账户“金融活动收入——输电公司的非规制业务”下的子账户
交易金融工具	作为非规制账户“金融活动收入——输电公司的非规制业务”下的子账户
罚款	作为非规制账户“金融活动收入——输电公司的非规制业务”下的子账户
负债核销	作为非规制账户“金融活动收入——输电公司的非规制业务”下的子账户
资产变现	作为非规制账户“金融活动收入——输电公司的非规制业务”下的子账户
保险理赔金	作为非规制账户“金融活动收入——输电公司的非规制业务”下的子账户
（六）其他收入	该账户整体转为非规制账户“其他收入——输电公司的非规制业务”
清算与破产	作为非规制账户“其他收入——输电公司的非规制业务”下的子账户

资料来源：作者根据相关资料整理。

在规制会计准则下，收入和费用的确认都是基于权责发生制。相比于收付实现制，权责发生制更适用于规制会计准则。因为收付实现制是以收到或支付款项作为确认收入和费用的依据，被规制企业能够通过控制收入和费用支付的时点来调节准许收益、准许成本和有效资产等重要的定价参数，从而获得更高的利润。权责发生制则能够更好地反映交易和事项的实质发生，使规制价格和规制收入的确定更加合理。

2. 费用类账户的过渡调整方法

费用类账户的调整方法大致与收入类账户相同。需要注意的是，同时经营多种业务的企业会发生共同的间接费用，一般包括辅助业务费用、修理费、待分配费用、管理费用等。需将间接费用按合理的方法在规制业务和非规制业务的各类别之间进行分配，以用于计算确定成本。例如按资产划分、按电量划分等方法将间接费用分配到输电、配电等各个环节（见表 4-4）。

表 4-4 水电集团输电公司费用类账户调整方法

现行通用会计准则下的费用类账户	规制会计准则下的费用类账户
（一）营业费用	该账户整体转为规制账户“营业费用——输电公司的规制业务”
输电网络传输和运营费用	作为新规制账户“营业费用——输电公司的规制业务”下的子账户
能源系统集成管理费用	作为新规制账户“营业费用——输电公司的规制业务”下的子账户
计量和提供能源消费数据的费用	作为新规制账户“营业费用——输电公司的规制业务”下的子账户
能源平衡市场交易的管理费用	作为新规制账户“营业费用——输电公司的规制业务”下的子账户
接入费用	作为新规制账户“营业费用——输电公司的规制业务”下的子账户
（二）修理费	按合理方法在规制账户与非规制账户之间进行分配，分配到各项业务中

续表

现行通用会计准则下的费用类账户	规制会计准则下的费用类账户
（三）辅助业务费用	按合理方法在规制账户与非规制账户之间进行分配
绝缘体维修费用	按合理方法在规制账户与非规制账户之间进行分配
高压实验室费用	按合理方法在规制账户与非规制账户之间进行分配
运输服务费用	按合理方法在规制账户与非规制账户之间进行分配
电路保护器维修费	按合理方法在规制账户与非规制账户之间进行分配
蓄电池组维修保养费	按合理方法在规制账户与非规制账户之间进行分配
化学实验室费用	按合理方法在规制账户与非规制账户之间进行分配
个人培训费	按合理方法在规制账户与非规制账户之间进行分配
其他辅助业务费用	按合理方法在规制账户与非规制账户之间进行分配
（四）待分配费用	按合理方法在规制账户与非规制账户之间进行分配
投资活动待分配费用	按合理方法在规制账户与非规制账户之间进行分配
电力销售业务待分配费用	按合理方法在规制账户与非规制账户之间进行分配
（五）管理费用	按合理方法在规制账户与非规制账户之间进行分配
（六）其他费用	该账户整体转为非规制账户“其他费用——输电公司的非规制业务”
与运营无关的投资费用	作为新设非规制账户“其他费用——输电公司的非规制业务”下的子账户
休闲娱乐服务费用	作为新设非规制账户“其他费用——输电公司的非规制业务”下的子账户

资料来源：作者根据相关资料整理。

三、我国构建规制会计准则面临的问题和挑战

我国迄今尚未制定和出台垄断行业的规制会计准则，目前我国垄断企业与其他企业一样执行财政部颁发的通用会计准则——《企业会计制度》和具体会计准则。然而，企业根据通用会计准则所提供的信息并不能满足规制的需要，规制机构与被规制企业之间的信息不对称问题仍然得不到解决，价格规制也得不到有效保障。

（一）我国的特殊情况加大了规制会计准则和过渡办法的制定难度

合理处理我国的特殊情况是制定规制会计准则面临的重要挑战。在制定我国的规制会计准则过程中，会遇到许多由于历史和政策等原因形成的、我国特有的情况，这些需要处理的特殊情况包括但不限于：一是无偿接收资产的价值及其维护费用的会计处理。由于历史原因，一些企业无偿接收了许多政策性资产。这部分资产的价值如何计入有效资产，以及其带来的运行维护费用如何处理都是我国面临的特殊难题。二是多主体共同投资资产的会计处理。如一些跨省跨区的输配电资产由于线路长、具有公用网络特性，同一项资产有多个省区的多家企业共同投资。三是权责不匹配的情况。一些资产会出现维护检修费用和产权归属不同企业的情况。四是资产折旧年限的确定问题。我国正处于基础设施高速建设发展时期，管网、设备等资产更新淘汰速度快，技术折旧和物理折旧多，与国际相比，资产实际使用寿命较短，需要在综合考虑现实需要和消费者福利的基础上，根据各行业和各地的实际情况确定折旧方法和折旧年限。这些情况在发达国家实施规制会计准则的实践中都没有先例可循，其解决方式只能依靠我国因地制宜地研究探索。

如何从我国现行的通用会计准则低成本地过渡到规制会计准则是我国实施规制会计准则面临的另一项挑战。各国的过渡实践各有不同，国际上并没有一套成熟详细的方法用以指导我国从通用会计准则过渡到规制会计准则的实践。过渡过程中还可能遇到事先难以预料的各种复杂情形，进一步增加了我国规制会计准则操作实施的难度。此外，过渡过程不是一蹴而就的，规制会计准则中的一些细则和具体的会计处理方法也需要随着准则的实施逐步修改和升级。例如，对有效资产价值的计量和评估有两种方法。一种是历史成本法，即最初获得有效资产付出的成本。另一种是重置成本法①，其优势在于能够鼓励企业进行有效投资，减少无效投资。但使用重置成本法需要依靠专家来评估资产的价值，信息的收集成本较高，对规制会计制度的设计和人才支持也提出了更高的要求。因此，规制会计准则实施初期更宜于采用相对低成本的历史成本法，随着应用的深入再逐渐以重置成本法来替代。

（二）法律、审计和人才的支持保障力度不足

一是立法保障不足。健全完善的法律体系是规制会计准则建立和实施的基础。只有通过法律来赋予规制机构相应的会计规制职权和会计规则制定权，规制机构才能够顺利地制定和实施特定的规制会计规则，对企业进行有效的经济规制。目前我国垄断行业财务规制所依据的法规——《中华人民共和国会计法》（以下简称《会计法》）和《企业会计准则》《电力监管条例》等行业法规及其配套规章、国务院相关文件都没有赋予规制机构充分的财务规制职能，未能对规制会计准则的制定实施提供足够的立法保障。

二是审计对规制会计准则实施的支持力度不足。审计是规制会计准则得以有效实施的技术保障。为进一步保障企业报送信息的真实性，规制机构需要对被规制企业的会计信息进行多种形式的审计。审计的实施需要一批熟悉规制会计准则、业务过硬的专业审计人员，未来我国需要投入人力物力快速培养一批规制所需的专业审计人才。

三是有能力制定规制会计准则的复合型专家严重缺乏。具有规制经济学和会计学双重学术背景、精通英语的领军人物是能否制定出一套合理、有效、

① 用重置成本法评估的资产价值等于在现实条件下重新购置或建造一个全新的资产所需的成本减去该资产的各项折旧。

高水平的规制会计准则的关键。我国通用会计准则的制定机构由会计准则委员会、国内专家组和国际专家组组成。但垄断行业具有很强的专业性，没有规制研究基础的通用会计准则的制定人员不足以胜任规制会计准则的制定任务。大部分行业部门工作人员缺乏会计学背景和学术基础，使我国在规制会计准则的制定上严重缺乏关键的复合型专家。此外，制定规制会计准则的工作量很大，我国在规制会计准则制定方面又缺乏经验和资源，需要规制机构、会计实务界人士和专家学者们的通力合作。

四、对我国构建规制会计准则的建议

（一）服务于构建垄断行业价格规制体系，尽快启动制定分行业规制会计准则

建议针对电力、电信、铁路、航空、自来水、天然气等关系国计民生的重要垄断行业分别制定相应的行业规制会计准则。规制会计准则的内容应包括以下方面：一是行业规制会计准则的适用对象和范围。二是相关定义。准则中应对会计制度所涉及的重要会计术语作出解释，以使被规制机构较好地理解和执行。三是会计科目及账户的设置。应结合行业特点和规制的需要，分规制业务与非规制业务和不同生产环节进行科目和账户设置，将会计账户细化到三级以上。四是会计核算规则。其核心内容是资产核算、运行成本与维护费用核算两大部分。应当按不同生产环节将资产和成本费用分开核算。五是财务报告的设计要求。设计科学合理的财务报告以利于财务信息的准确披露。六是审计制度。规制会计制度中应明确实施审计的主体，以及如何对被规制企业开展审计工作。审计内容应当包含：①定期审计，对于被规制企

业提交的年度或其他报告反映出的信息的审查。②经营审计，如果规制委员会有充分理由认为企业的经营行为存在问题，企业就需要接受规制机构对经营业务中的某些特殊部分的经营审计。

（二）建立被规制企业会计信息定期报送制度

被规制企业应至少按年度向规制机构报送按照规制会计准则核算出来的会计信息，对部分重点企业可以采用季度、半年度加年度的报送制度。

1. 报送内容

财务信息报送的内容应包括三个部分：一是规制资产价值方面的信息；二是成本数据方面的信息；当各项活动的总成本或者分类成本高于上一年度成本的一定比例（如10%）时，企业应当对其原因进行详细的解释。三是资产数据和负债水平方面的其他信息。此外，报告中应当对成本的计算方法等作出详细的说明。

2. 报送格式

企业报送的规制会计报告应包括规制会计报表、报表附注以及其他相关的规制报告。一是规制会计报表。规制会计报表应包括资产负债表、利润表、现金流量表、所有者权益变动表等。企业在报送规制会计报表时，应将各项业务的成本耗费、收入以及资产项目以各个业务或服务为单位在规制会计报表上进行单独列示。报表中还需披露影响其产品价格水平的成本数据、各大项目的投资预算额、各类专项资产的取得及出售、融资等财务行为。二是报表附注。报表附注中一般包括编制规制会计报表所采用的成本核算原则、会计分离方法等。三是其他相关的规制报告。披露企业未来要发生的经济行为，以及近年内计划进行的会给企业带来较大影响的大型投资活动等。此外，企业还需提交注册会计师的审计证明，以保证报送信息的真实性。

（三）制定过渡计划并分步实施规制会计准则

一是制定由现行的通用会计准则向规制会计准则转换的过渡计划。过渡计划的内容包括：会计账户的调整方法，特别是收入类、费用类和资产类账户的过渡调整方法；资产价值的重新评估；有形资产和无形资产的折旧；费用的分配方法等。

二是分步骤实施规制会计准则。第一步，试点应用规制会计准则。在规制会计准则全面推广应用之前的两至三年间，应当在各被规制行业选取代表性企业进行规制会计准则小范围的试点，并在试点期间完成资产价值评估等会计处理方法的升级，根据试点过程中发现的问题，及时修正规制会计准则。第二步，试点完成后，将完善后的规制会计准则全面推广应用。

（四）完善规制职能分配与立法保障

由国家高层协调，逐步将行业规制会计准则制定等财务规制相关职能全部集中到规制机构。由国家发展改革委会同财政部、相关行业主管机构共同负责制定行业规制会计准则。行业规制机构统一承担行业财务规制的全部相关职能，将财政部拥有的被规制行业的成本控制及财务监督的职权转移到相关行业规制机构。此外，通过法律形式对规制机构制定和实施规制会计准则等规制职能进行充分的授权和法律保障。

（执笔：周适）

参考资料目录

[1] Government Publishing Office of the United States of America. Electronic Code of Federal Regulations: Part 101—Uniform System of Accounts Prescribed for Public Utilities and Licensees Subject to the Provisions of the Federal Power Act [EB/OL]. (2018-03-30) [2019-02-01]. https://www.ecfr.gov/cgi-bin/text-dx? SID=127bab3af2feee382c4a863d4c7b93a9&mc=true&node=pt18. 1. 101&rgn=div5.

[2] Government Publishing Office of the United States of America. Electronic Code of Federal Regulations: Part 201—Uniform System of Accounts Prescribed for Public Utilities and Licensees Subject to the Provisions of the Federal Power Act [EB/OL]. (2018-03-30) [2019-02-01]. https: // www. govinfo. gov/app/collection/cfr.

[3] USAID, Methodology to the uniform chart of accounts for the purposes of regulatory accounting of Nek-ad [R]. Bulgaria : USAID, 2005.

[4] 财政部. 关于印发企业产品成本核算制度——电网经营行业的通知：财会〔2018〕2 号 [A/OL]. (2018-1-15) [2018-12-01]. http://www. gov. cn/xinwen/2018-01/22/content _ 5259220. htm.

第五章
垄断环节投资规制

内容提要：网络型自然垄断环节投资规制是政府经济性规制的重要内容。伴随我国网络型自然垄断环节价格规制改革持续推进，对网络型自然垄断环节的投资规制也开始提上议事日程。然而，长期以来，针对网络型自然垄断环节投资规制，存在微观投资规制职能需进一步明晰、投资规制法律法规尚需继续完善、科学的投资规制手段和方法相对缺乏、价格规制对受规制企业投资行为的被动响应，以及缺乏有效的投资规制监督机制等问题。因此，应在借鉴国际经验的基础上，结合我国实际，转变观念和认识，科学定位网络型自然垄断环节投资规制职能，通过体制机制改革，完善价格规制体系，健全投资激励与约束机制，优化投资规制治理体制，推进投资规制治理走向现代化。

一、引　　言

电网、铁路网、宽带骨干网及油气管网等网络型自然垄断环节是支撑电力、铁路、互联网、石油天然气等行业发展的关键基础设施。这些网络型基础设施的投资具有高资本密集性、回收周期长、高风险性、形成的资产具有较强专用性等特点。电网、铁路网等网络型基础设施的投资本身具有双重属性，一方面，在微观层面上，它是企业资产形成的基础，是企业投资成本和消费者支付价格的重要构成部分，对其进行规制是政府经济性规制的重要内容，也是政府价格规制关键的前置环节；另一方面，在宏观层面上，它是行业固定资产投资的一部分，对其进行有效调控是政府宏观经济管理的重要内容。需要强调的是，与国内外学术界通行的将对网络垄断环节投资规制作为经济性规制的重要内容不同的是，国内相关决策部门和部分政策研究者更多地将其视为政府宏观经济管理职能，而非市场规制职能。本章聚焦的是经济性规制意义上的网络垄断环节或企业（以下简称受规制企业）的投资规制问题。

经济性规制包括对自然垄断企业的价格、数量、市场准入和退出、质量、投资等一系列决策变量的限制，然而，相比价格、数量、企业的数目和质量等决策变量，现实中，为了避免对企业生产过程和投入选择进行直接干预，政府较少对受规制企业的投资决策进行直接规制，而是在经济性规制过程中，通过对投资回报率和费率结构设计，对企业投资决策进行间接引导和规制控制。简言之，政府对受规制企业的投资规制往往内嵌于价格规制过程，都是政府经济性规制过程的重要组成部分。接下来，本章首先阐述价格规制与投资规制的内在联系；其次，介绍美国、英国等成熟市场经济国家网络垄断环节投资规制的主要经验；再次，梳理我国网络垄断环节投资规制的现状及存在的主要问题；最后，提出完善我国网络垄断环节投资规制的对策建议。

二、经济性规制中的价格规制与投资规制

政府价格规制框架是影响受规制企业投资决策的关键因素。最基本的两

种价格规制框架分别是回报率规制和价格上限规制，实践中还有其他价格规制方法，如滑动收益率规制和标尺规制、菜单规制等，它们通常都是由两种基本规制框架衍生而来，对受规制企业投资决策、投资成本的影响大体介于两种基本价格规制框架的影响之间。

理论上，无论是什么样的价格规制框架，规制者都需要关注两方面的目标：其一，确保企业获得正常的回报率，建立长期的投资激励机制，促进网络型基础设施有序发展，实现行业持续健康运行；其二，确保制定的价格让消费者能够承受，防止受规制企业滥用垄断势力，对消费者和下游企业收取垄断价格，因此，在进行价格规制设计时，为受规制企业提供合理的网络投资激励的资金成本值比较重要，而投资回报率和折旧率则尤为关键。准许回报率决定了增量投资的平均回报，是投资者从投资资金中获得的期望收益，也是该投资资金的机会成本。折旧率则关系到投资的回收期。规制者通常设计合理的投资回报率和折旧率来对受规制企业的投资进行补偿，对投资的规制是在价格规制过程中，通过成本收益评估、投资计划审核等方式来进行。

接下来，具体讨论回报率规制和价格上限规制情形下的投资规制控制问题。

（一）回报率规制情形

回报率规制是指规制者对受规制企业的成本费用（包括投资成本及其回报率）的合理性进行审核，按照合理回报率水平核定网络服务价格的规制方法。回报率规制方法在核定服务价格时，会对受规制企业的有效资产、折旧率、运营维护费率和准许资产回报等参数进行规制控制。通过对这些技术经济参数特别是回报率进行规制，规制者可以实现对受规制企业的投资决策进行间接规制。在规制时，规制者需要科学评估这些影响企业投资和收益的技术经济参数的相关信息，包括合理折旧率是多少；投资决策的审慎合理；投资面临的风险和不确定性到底多大；投资回收周期应该是多长时间；等等。然而，需要强调的是，在回报率规制下，由于 A-J 效应和完全成本补偿规则，受规制企业存在过度资本化的倾向，往往有非常强的扩大投资规模、做大资产规模的动力，缺乏足够的减少投资成本和提高资产利用率的激励，从而使得投资规制的效果难以保障。换句话说，规制者仅仅运用价格规制工具，很难对受规制企业的投资进行有效控制。这主要是出于以下两方面原因：一方面，A-J 效应使当规制者（或规制者与受规制电网企业协商）确定投资回报率，且投资回报率高于实际的资本成本时，受规制企业通常倾向于扩大投资，以增加有效资产规模，获得更多的准许收入，从而背离了企业成本最小化目标；另一方面，受规制企业投资成本能得到完全补偿，并获得固定的回报率，即使企业努力进行有效投资或者提高资产利用效率，也无法得到其投资效率改善所产生的收益。

（二）价格上限规制情形

价格上限规制抑或 RPI-X 规则通常是在价格规制期初，由规制者核定初始价格，然后结合规制周期内（比较典型的是 5 年）每年的物价指数减去刺激效率提高或者成本减少的效率因子 X，进行逐年调整，在规制周期期满后重新调整。相比回报率规制，价格上限规制在对受规制企业的投资行为规制方面作用相对明显，规制者可以通过设定效率增进因子 X 以及价格帽（price cap），引导企业投资决策，鼓励企业进行有效投资，提高投资效率。从英格兰供水和输电行业的投资规制可知，价格上限规制下，如果规制者对投资计划的监控和审批采取积极行动，则可以有效地刺激受规制企业投资，提升投资规制效率。

总而言之，无论是回报率规制，还是价格上限规制，企业都关心其所能获得的合理投资回报率，价格上限规制下的效率增进因子X与回报率规制下的投资回报率之间存在联系。回报率规制涉及的是一个直接得到的投资回报率，价格上限规制涉及的则是一个隐含的投资回报率，X因子对回报率有影响。一般而言，在回报率规制与价格上限规制下，受规制企业投资行为存在较大差异，前者存在过度投资，后者则存在投资不足，由此延伸出来的政策诉求各有不同。对于前者，规制者在进行投资规制时，更多考虑约束企业投资行为，鼓励企业降低投资强度，提高投资效率；对于后者，则更多地强调激励企业增加投资，促进基础设施扩展，提供更好更高质量的服务。

Joskow和Schmanlansee发现，实践中并不存在理论上一致的最优激励机制，单一激励机制不可能在所有情况下表现出最优的激励特性，很难建立针对受规制企业的最优价格和投资规制机制。之所以如此，是源于规制者与受规制企业之间的关系本质上是动态重复博弈，企业具有欺骗规制者的内在激励，它甚至可能通过蓄意扩大投资或减少投资规模、提高或者降低投资效率，以使得规制者在未来设计出对自己更加有利的规制机制。此外，由于不确定性和信息不对称，在与受规制企业互动过程中，规制者可能采取投资成本不予核定或者延长投资计划审核时间的机会主义行为，使得企业的投资面临较大风险，进而削弱其投资激励，产生投资不足或者延迟投资问题。不同价格规制方式对投资决策和投资效果的实际影响在很大程度上取决于价格规制框架设计的细节及相应的制度环境，例如规制承诺、规制滞后、风险和不确定性处理、规制审查时间、折旧方法和期限、价格听证会等。

三、成熟市场经济国家垄断环节投资规制的主要经验

尽管成熟市场经济国家由于历史文化传统、政治法律渊源、产业组织结

构、政府规制制度存在较大差异，但普遍都比较重视对网络垄断环节的投资规制，积累了一些值得借鉴的网络垄断环节投资规制治理的做法和经验。

(一) 坚持法律先行，法律法规明确要求对投资进行规制

成熟市场经济国家在对网络垄断环节进行投资规制时，都坚持法律先行，强调依法规制。以输电投资为例，美国在《2005 年能源政策法案》和联邦能源监管委员会 679 号令（FERC Order NO 679）中，明确要求对能源传输投资进行规制。针对州际输电投资，《2005 年能源政策法案》明确规定了投资规制的内容，提出要建立激励导向（基于绩效）的规制制度，确保无论是新增网络扩展投资，还是对原有电力传输设施进行更新改造的投资，各类投资主体审慎合理的投资都可以获得合理回报。679 号令则规定，对于受规制的电网企业，只要在建工程、预期运行成本、废弃相关输电设施等所有审慎发生的、符合强制可靠性标准和促进电网基础设施发展的成本，都可以纳入有效资产，获得完全的准许收益补偿。英国能源市场监管机构 Ofgem 按照《电力法》的相关规定，针对陆上输电网、海上输电网和互联线路，分别设计了 RIIO 规制机制、海上输电运营商规制机制和收益上限和下限机制（CFR）[①]，对电网企业价格和投资进行规制。澳大利亚能源监管委员会（AER）依据《国家电力法》，对电网投资进行规制，针对常规投资和偶发投资采取不同的规制手段。此外，对于铁路网、通信网以及天然气管网等网络环节的投资，英国、美国和澳大利亚等国家也都在诸如《铁路法》《电信法》《天然气法》等法律法规或者相关行业价格规制框架中，明确规定了投资规制的内容，为规制者有效

① 收益（Revenue）＝激励（Incentives）＋创新（Innovation）＋产出（Outputs），简称 RIIO；Off-shore transmission owner regime，简称 OFTO；Cap and floor regime，简称 CFR。

规制网络垄断环节投资提供了法律依据。

（二）坚持目标导向，明确投资规制的主要目标和审核标准

成熟市场经济国家在对网络垄断环节进行投资规制时，都注重目标导向，强调通过投资规制来激励有效投资。美国联邦能源监管委员会在进行电网投资规制时，强调要通过价格和投资规制，为电网企业提供充分的投资激励，破解网络容量投资不足问题，保证电力可靠稳定供应，并且明确了纳入有效资产的标准，针对不同类型的电网投资，设定了不同的投资回收方式和补偿途径。英国铁路管理办公室（ORR）在对 Network Rail 的投资进行规制时，为鼓励后者进行有效投资，依据有效资产核定标准，通过得分卡制度（score-cards），对路网投资的相关绩效指标，包括财务绩效、运营绩效、安全和服务、可持续发展和资产管理、路网利用效率等进行评估来核定有效资产。类似地，英国能源市场监管机构 Ofgem 在 RIIO 框架下，通过确立包括用户满意度、安全和可靠性、接入公平、普遍服务、创新、成本效率、产出等投资绩效标准，对电网投资计划的有效性、合理性以及经济性等进行审核，以核定有效投资。

（三）坚持方法创新，不断丰富投资规制和投资风险控制手段

成熟市场经济国家在对网络型自然垄断环节进行投资规制时，都强调方法创新，综合运用多重投资规制和投资风险控制手段，提升投资规制效果。针对电网投资，美国联邦能源监管委员会在 679 号令中提出了嵌套测试法

(Nexus test)，以识别电网投资的合法合意性和审慎合理性，甄别其是属于常规性还是非常规性投资，并运用标杆法，以可比的投资项目作为基准，判断某个投资项目的风险及成本效率水平，且对影响电网投资的成本和非成本因素进行综合考虑；此外，还对投资项目进行成本收益分析，对投资项目的经济性进行全面考察。针对铁路网络投资，美国运输部和联邦铁路署通常综合运用投资项目的成本收益分析和标杆法，对投资项目进行深入细致的量化评估。在 RIIO 框架下（见表 5-1），英国能源市场监管机构 Ofgem 按照利益相关方参与、效率等标准，并运用标杆法及其他比较方法，对投资计划进行审查。如果该投资计划是高质量的，Ofgem 将接受该计划，并迅速将其纳入价格控制方案中；如果质量较低，则电网企业需重新提交新的投资计划。Ofgem 还采取建构式（Building-blocks）方法，基于总成本控制的原则，事前对电网投资决策的有效性和审慎性及投资成本进行预测和评估，同时，选择参考标杆，对电网投资的成本效率进行评估，以核定准许成本水平。此外，Ofgem 设定了成本分享机制、处理投资不确定性等条款，以解决不确定性投资和投资风险带来的规制挑战，为企业投资计划调整和修正提供更加稳定的预期。另外，针对大型电网项目的投资不确定性规制控制，Ofgem 引入了战略性扩展工程机制（Strategic Wider Works，SWW），运用三阶段投资项目评估法，对投资面临的需求、成本及规制不确定性进行全面评估（见表 5-2）。如果投资评估结果满足 SWW 标准，并通过需求、技术和经济性评估，在价格控制周期内，投资者可以要求 Ofgem 对准许收益进行调整。

表 5-1 RIIO 框架的基本内容

基本内容	理　由
8 年规制周期（2013—2021 年）	较长的规制周期有助于降低规制不确定性，稳定预期，使电网企业和规制者可以关注长期目标
事前评估方法	事前确定收益，并建立动态的收益调整和协商机制，降低了电网投资和经营的风险

续表

基本内容	理　由
成本分享机制	相比标准成本，如果电网企业节约成本或成本超支，则节约成本产生的收益和成本超支产生的损失都由它们和用户共享，这为电网企业加强成本控制，提高成本效率提供了较强的激励
加权平均成本（WACC）方法	通过每年更新债务成本，以减少电网企业的融资风险和向用户过度补偿的风险，向债务和权益投资者提供合理的补偿
规制资产价值（RAV）方法	电网长期投资需在整个生命周期内获得补偿。作为规制资产价值的回报，投资成本需由从投资中获益的用户分摊
总成本（Totex）方法	将运营费用和资本支出结合起来，对总成本进行评估。这使得电网企业设计成本结构时，会尽可能优化运营费用和资本支出的配置，选择最具经济性的配置方案
处理投资不确定性	建立针对风险的收益调整条款，例如设计关于特定不确定性风险的限制性条款
创新激励因子	鼓励电网企业寻找最节约成本或提高未来传输能力和范围的各种方法
综合高质量产出方法	电网企业的商业计划和投资安排必须让用户知情，并满足用户网络可靠性、可获得性以及节能环保等需求

资料来源：根据 Ofgem 网站资料整理。

表 5-2　SWW 投资项目评估的主要内容

评估阶段	评估内容
1. 合理性评估阶段（2 个月以内完成）	检查投资是否满足 SWW 的三个标准：增加新的网络容量；满足最小融资阈值；在价格控制下无法从其他地方获得融资
2. 需求评估和咨询（3～6 个月内完成）	评估经济需求；成本收益分析；事前成本评估
3. 投资项目评估及咨询（6 个月以内完成）	成本评估；技术设计评估；风险配置评估

资料来源：根据 Ofgem 网站资料整理。

四、我国垄断环节投资规制存在的主要问题

伴随着我国垄断行业价格规制改革的持续推进，特别是《中共中央　国

务院关于推进价格机制改革的若干意见》（中发〔2015〕28号）正式发布以来，我国网络垄断环节投资规制也正式提上了议事日程。《中共中央　国务院关于推进价格机制改革的若干意见》中发〔2015〕28号文及随后一系列价格改革相关配套文件明确指出，为加强对政府制定价格商品和服务的成本规制，提高政府价格决策科学性，制定科学合理的网络垄断环节价格，必须进行成本监审，建立以“准许收入加合理收益”为核心的垄断行业定价制度。而在核定准许收入和合理收益时，必然涉及有效资产和投资回报率的核定，继而衍生出对网络垄断环节投资进行规制的需求。目前来看，我国网络垄断环节投资规制仍存在如下主要问题。

（一）微观投资规制职能需进一步明晰

过去，对网络型自然垄断环节投资行为，我国更多采取宏观投资管理的方式，强调对投资的行政审批管理。伴随着我国投融资体制改革的推进，政府对企业投资项目的管理方式逐步由以事前行政审批为主过渡到以核准和备案为主。这种事前的网络垄断环节宏观投资管理方式与内嵌在价格规制过程中的投资规制并不相同。前者属于政府经济调节职能，更强调对企业投资行为的直接干预和宏观调控，是宏观调控的重要手段和工具，与政府价格规制没有必然的关联；后者则属于政府市场规制职能，更强调对企业投资进行间接干预和规范，突出投资的绩效导向，注重运用成本收益分析、标杆分析和规制投资测试等方式，对投资项目进行比较全面的经济性评估，对投资项目的合理性、经济性和审慎性进行全面评估，以核定有效资产，并通过事后有效投资核定对企业投资行为和决策进行规范和引导。

（二）投资规制的相关法律法规需修订完善

关于网络型自然垄断环节投资规制，我国《价格法》及投资管理的相关法律法规中都没有明确规定，在部门规章和地方政府规章中也缺乏详细规定。近年来随着我国垄断行业规制改革推进，《省级电网输配电价定价办法》（以下简称《定价办法》）和《天然气管道运输价格管理办法（试行）》等已有部分行业定价方法涉及投资规制。例如，《定价办法》就对输配电有效投资核定的原则、投资约束机制、投资定期校核机制和调整机制有了初步规定，但总体来说，对于投资规制的精准化专业化要求显得较为笼统，尚缺乏可操作性。以新增有效投资核定为例，《定价办法》要求规划新增输配电固定资产投资额，应按照有权限的政府主管部门预测的、符合电力规划的电网投资计划，并根据固定资产投资增长应与规划电量增长、负荷增长、供电可靠性相匹配的原则统筹核定。然而，事实是我国并无专门的符合电网投资规制要求的电网投资计划，也没有明确与规划电量增长、负荷增长、供电可靠性相匹配的固定资产投资审核标准。《天然气管道运输价格管理办法（试行）》则规定运用建设项目财务评价的原理，制定新成立企业投资建设的管道价格，但未明确体现投资规制的要求。

（三）投资规制手段和方法尚需继续丰富

与成熟市场经济国家相比，我国网络垄断环节价格规制和投资规制都处于起步阶段，投资核定方法和手段不够丰富，难以从定价成本监审和价格规制的角度对投资的有效性、合理性、经济性和审慎性进行深入审查，从而无法对企业的投资行为形成有效激励和约束。成熟市场经济国家如美国、英国和澳大利亚在对网络型自然垄断环节投资和价格规制时，逐步形成了一套比较完善的投资规制方法和手段，例如标杆法、规制投资测试，合理性测试，投资审查、可行性分析、需求分析、风险评估等方法（见表 5-3）。此外，由于我国尚未建立规范的规制成本会计制度，造成定价成本监审过度依赖通用企业会计准则，两种会计制度的目标导向完全不同，导致投资规制结果也存在显著差异。前者更多是对投资合规性的事后认定和计入，后者则侧重于对投资有效性和经济性的审核。过度依赖通用会计准则来进行定价成本监审和投资规制，有可能高估有效资产规模，造成企业投资行为的扭曲，损害消费者利益。

表 5-3　成熟市场经济国家网络型自然垄断环节投资规制的主要方法

投资规制	主要内容	具体方法	代表性国家
事前投资规制控制	在建立准许收入与投资及投资成本预测值之间的联系的基础上，规制者事先对企业未来的投资进行评估，在规制周期开始前，核定可纳入准许收入中的有效投资，进而规制投资和控制投资成本的一种方法	标杆法、规制投资测试，合理性测试，投资审查、成本收益分析、可行性分析、需求评估、风险评估、信息激励机制等	美国、英国、澳大利亚
事后投资规制控制	规制者运用数据包络分析方法（DEA）、随机前沿生产函数等成本效率分析技术，通过与其他受规制企业的投资和投资成本进行对标，对受规制企业实际投资决策及支出的合理性、有效性和审慎性进行事后评估，避免无用或无效的投资被计入有效资产	成本收益分析、规制测试、标杆法、审慎性测试等	美国、英国、澳大利亚

资料来源：笔者根据（Ofgem，2010）、（FERC，2012）、（EU，2014）、（ICER，2015）、（Konstantin 等，2015）、（FRA 和 DOT，2016）、（ORR，2017）、（ACCC 和 AER，2018）、（王磊，2016）等资料整理。

（四）投资激励和约束机制有待健全

在已有的网络垄断环节如输配电、天然气管道、互联网骨干网等定价管理的相关办法中，关于投资激励和约束机制的规定多为原则性条款，有效的投资激励和约束机制尚未建立。以《天然气管道运输价格管理办法（试行）》为例，关于投资激励和约束，其中规定，管道运输价格原则上每 3 年校核调整一次；如管道投资、运输气量、成本等发生重大变化，可以提前校核。这也仅是从原则层面上提出了进行价格校核的前提条件。对于管道投资发生变动后的价格校核应该如何处理，则没有进一步的规定。例如，对于新增投资或者无效投资，是该计入还是核减管道运输价格；对于有效投资，是在当前规制周期还是下一个规制周期计入有效资产、纳入管道运输价格都没有明文规定，因而，无法对投资起到有效的约束和激励作用。

（五）价格规制对受规制企业投资行为的被动响应

要实现网络垄断环节的价格规制目标，必须通过规则和机制建设，实现与投资规制的有效衔接和协调。然而，长期以来，由于我国价格规制与投资规制的职能分散，体制机制和政策导向等因素制约，投资规制与价格规制环节无法较好地衔接，最终导致价格规制往往是对受规制企业投资决策和投资成本的被动适应，投资规制和价格规制效能普遍比较低下。具体而言，首先，在编制网络垄断环节的发展规划和投资计划时，较少与价格规制方案相衔接。其次，投资主管部门在进行投资项目审批时，较少对投资项目进行深入细致的经济性评估，即使做了可行性研究报告，也很少考虑其对网络垄断环节价格体系的影响，网络垄断环节的价格核定和规制方案设计通常也只是对投资事后的被动认账，这不仅妨碍了投资效率改进和投资成本控制，更造成了政府价格规制效能的低下。再次，由于规模导向的绩效考核评价机制，受规制的国有垄断企业普遍具有规模偏好，再加上国有企业投资软约束预算、国有银行提供的低融资成本的贷款和行政决策的盲目性，助推受规制企业投资规模扩张，价格规制者没有很好的手段对受规制企业进行控制。最后，我国网络垄断环节价格规制具有成本加成的特点，导致受规制企业出现过度资本化的倾向，缺乏提高投资效率的激励，进一步造成价格规制对受规制企业投资决策的被动适应。

（六）需要建立更加高效的投资规制监督机制

网络垄断环节投资兼具公益性、商业性、规模性和外溢性等特点，关系着社会公共利益，因此，投资规制过程应该更加公开透明，投资规制问责机制和监督机制应该更加健全，投资规制决策应该更加科学规范。当前，网络垄断环节投资规制过程透明度不高，全过程规制缺位，社会力量参与和监督不足，存在规制“重结果，轻过程”、“重事后，轻事前和事中”、“重行政轻法律、舆论和社会”、“重个别，轻整体”等问题。此外，对投资规制者的监督问责机制不健全。由于专家学者、消费者以及上下游企业等相关利益主体参与规制过程的意识不强、路径不畅通，独立的外部监督机构缺乏，健全的利益相关者参与规制过程和监督规制决策的渠道建设滞后，导致社会力量包括专家学者、消费者以及上下游企业等相关利益主体参与网络垄断环节投资规制过程明显不足，降低了整体规制效能。

五、完善我国垄断环节投资规制的对策建议

针对当前我国网络垄断环节投资规制存在的主要问题，应在借鉴国际经验的基础上，结合我国实际，转变思想认识，科学定位投资规制职能，通过体制机制改革，完善价格规制体系，健全投资激励与约束机制，完善投资规制治理体制，推进投资规制治理走向现代化。

（一）科学定位投资规制的微观规制职能

加快转变观念和认识，区分好宏观投资调控和投资规制，明确两者分属

成熟市场经济国家及我国经济调节和市场规制两种不同的职能范畴。加快政府职能转变，深化行政管理体制改革，推动宏观投资管理职能和微观投资规制职能相分离，实现对网络型自然垄断环节投资的计划管理和宏观调控向微观的市场规制转变，加强对投资的经济性规制，促进投资规制的精准化，减少对企业微观经营行为的直接干预。合理配置各部门的价格规制、投资规制和宏观投资管理职权，优化投资规制和宏观管理职能的权限划分，整合分散在不同部门的投资规制和价格规制职能，减少部门职能交叉重叠，进一步明确投资规制的责任主体，强化投资规制等经济性规制效能。

（二）建立健全政府投资规制的规则体系

明确完备的网络垄断环节投资规制法律法规体系是促进依法进行投资规制，实现有效投资规制的重要前提。针对当前投资规制法律法规相对缺乏和不完备等问题，应提高认识，抓紧时间研究和制定出台网络垄断环节投资规制的专项法律法规、配套的行政规章制度及实施条例和办法，以“法”的形式明确投资规制的经济性规制功能，明确投资规制、价格规制等机构的权责关系，通过法治化、制度化建设，改变网络垄断环节投资规制无法可依和无章可循、投资规制规则“真空”状态和可操作性差、宏观投资管理和微观规制职能混淆、企业投资主体地位难以确立等现实困境，加快建立网络垄断环节政府投资规制体系，实现投资规制的法治化、制度化、规范化和透明化。

（三）创新投资规制和风险控制方法

积极借鉴投资规制的国际经验，从如下三个方面创新我国网络垄断环节投资规制方法和投资风险控制手段。首先，尽快建立规制成本会计制度。规制成本会计制度是成熟市场经济国家对网络垄断环节价格、投资和成本规制所采取的重要手段，是进行定价成本监审的基础性制度之一。应将规制成本会计制度作为完善网络型自然垄断环节投资规制的基础性制度，推动相关部门加快建立规制成本会计制度。其次，尽快出台有效资产核定办法。完善定价成本监审制度，以总成本控制为基础，制定出台符合我国网络垄断环节投资特点和规制需要的有效资产核定办法，对网络型自然垄断环节投资的经济性、审慎性、有效性、相关性、合理性和合法性进行全面审查，核定有效资产水平，引导受规制企业合理配置资本成本和运行维护费用，发挥成本控制对投资行为的规范作用。最后，综合运用多种投资决策规制和风险控制手段。借鉴国际经验，加强对受规制企业投资计划的审查，推广应用成本收益分析、规制测试、基准比较、成本和风险评估等方法，推动网络垄断环节投资规制治理由事后向事前转变，建立以事前投资规制治理手段为主，事前和事后投资规制治理手段相结合的网络垄断环节投资规制方法体系。

（四）健全激励约束相容的投资规制体系

应高度重视受规制网络垄断企业的投资激励和约束问题，通过规则建设和机制建设，构建激励约束相容的投资规制体系。首先，完善网络垄断环节定价管理相关办法，明确无效资产判定和有效资产核定的实施细则，强化有效投资激励和无效投资约束，为规制周期内引导受规制企业投资决策提供必要保障和合理预期，也为规制者对受规制企业新增投资进行有效规制提供便利。其次，明确投资回收管理办法，建立投资调整和投资风险不确定性的应对机制，为规制周期内的受规制企业新增投资提供必要的调整机制和处理办法，为计划内投资需求和偶发性投资需求提供灵活处理的办法，为企业投资提供良性激励和约束。最后，推动建立公开透明、激励相容的网络垄断环节投资规制信息披露机制，惩罚企业报告冗余和虚假信息的行为，奖励其披露真实成本信息的行为，增强规制者对受规制企业的投资规制效能，加强社会对企业投资决策的监督。

（五）加快构建科学规范的价格规制体系

为扭转价格规制对受规制企业投资行为被动“认账”的局面，应加快理顺价格规制与投资规制的关系，构建科学规范的价格规制体系，发挥价格规制对企业投资行为的规范引导作用。首先，加强网络垄断环节投资计划与价格规制的衔接，加强彼此之间的协调，提升投资规制效率。其次，综合运用多种投资评估手段，建立投资规制的相关技术经济标准，对投资决策和项目绩效进行科学全面的评估，倒逼企业提高投资科学决策和依规决策。再次，改革对国企的绩效考评制度。对于网络型自然垄断环节，应深化改革，建立体现网络垄断环节特点、符合价格和投资规制需要的绩效考评制度。最后，创新价格规制手段，推动价格规制由回报率规制向更具激励性的价格规制方式转变。

（六）畅通利益相关方参与监督投资规制者的渠道

针对投资规制者监督机制不健全的问题，应着力构建有效投资规制监督机制，提升投资规制决策的政府公信力。首先，应合理披露和公开投资规制者的决策信息。公开性与透明度可保证规制者随时接受公众监督，有效降低规制成本，促进规制效能提升，应突出过程和结果导向，强化事前、事中和事后全流程规制，逐步推动政府对网络垄断环节投资规制的政策法规、过程和结果以合法有效的渠道向被规制者和社会公众公开，实现投资规制的“阳光规制、公正规制”。其次，提高投资规制工作的制度化、法治化水平。鼓励投资规制者健全工作机制，实现规制行为规范化、民主化，投资规制制度化。最后，畅通社会力量监督渠道，促进有效的公众参与，健全多元主体参与的投资规制监督机制，强化问责机制、司法审查机制，合理界定投资规制者自由裁量权的范围，实现对投资规制者的有效监督。

（执笔：王磊）

参考资料目录

[1] 郑新立，徐伟，綦鲁明. 从计划到市场：中国计划投资体制改革 40 年 [M]. 广州：广东经济出版社，2017：222.

[2] 周国栋. 完善我国政府投资监管体系的政策建议 [J]. 经济体制改革，2006 (05)：30-33.

[3] 谷立霞. 西方市场经济发达国家政府投资监管的特点及启示 [J]. 经济研究参考，2005 (52)：35-38.

[4] VOLK D. Electricity Networks Infrastructure and Operations [R]. International Energy Agency，2013.

[5] LAFFONT J，TIROLE J. A Theory of Incentives in Procurement and Regulation [M]. Cambridge：MIT press，1993.

[6] PERRIN L. Mapping Power and Utilities Regulation in Europe [R]. EY Wroking Paper，2013.

[7] JOSKOW P，SCHMANLANSEE R. Incentive Regulation for Electric Utilities [J]. Yale Journal of Regulation，1986，1 (4)：1-49.

[8] SAPPINGTON D E M. Price Regulation and Incentives [M] //Martin Cave，Swmit Majumdar，Ingo Vogelsang，Handbook of Telecommunications Economics，Vol. 1：Structure，Regulation and Competition. Amsterdam：Emerald Publishing Limited，2002.

[9] The Tension Between Incentive Regulation and Investments in Network Industries [R]. VOGELSANG I. 2010.

[10] LYON T P. Why Rate-of-Return Adders Are Unlikely to Increase Transmission Investment [J]. The Electricity Journal, 2007, 20 (5): 48-55.

[11] ÉGERT B. Infrastructure Investment in Network Industries: The Role of Incentive Regulation and Regulatory Independence [R]. OECD Economics Department Working Papers, No. 688, 2009.

[12] Handbook for implementing the RIIO model [M]. Ofgem, 2010.

[13] FERC. Promoting Transmission Investment Through Pricing Reform [R]. FERC 18 CFR Parts 2 and 35, [Docket No. RM11-26-000], 2012.

[14] Study on regulatory incentives for investments in electricity and gas infrastructure projects-Final Report [R]. European Union, 2014.

[15] ICER. Regulatory Approaches to Managing Investment Uncertainty [R]. The International Confederation of Energy Regulators Reseach Paper, 2015.

[16] KONSTANTIN P, AJODHIA V, GROTE D, et al. Regulatory Incentives for Investments in Electricity Networks [R]. KEMA Consulting GmbH Working Paper, 2015.

[17] Benefit-Cost Analysis Guidance for Rail Projects [R]. Federal Railroad Administration, Department of Transportation, 2016.

[18] ORR. ORR's guidance on Network Rail's strategic business plans: conclusions [R]. ORR, 2017.

[19] Explanatory statement Draft revisions of the application guidelines for the regulatory investment tests [R]. ACCC, AER, 2018.

[20] 王磊. 价格规制与电网投资成本控制研究 [R]. 国家发展和改革委宏观经济研究院内部研究报告，2016.

第六章
垄断环节价格听证制度

内容提要：价格听证，是指行政机关在制定和调整关系群众切身利益的商品和服务价格时，听取利益相关方的意见建议，对定价或调价的必要性、可行性进行论证的程序性活动。包括价格听证制度在内的现代行政听证制度的共同历史渊源是英国行政法中的自然公正原则。听证程序分为正式听证和非正式听证。国外价格听证制度的成功经验主要是参加人范围广泛、形式选择合理、主持人制度完善、笔录法律效力明确。完善我国价格听证制度，需降低公众参与成本，扩大公众参与覆盖面；保障公众参与的充分讨论及其对决策的约束作用；建立公众参与的反馈和信息公开机制。

一、听证制度和价格听证制度概述

（一）定价听证的基本概念

价格听证，是指行政机关在制定和调整关系群众切身利益的商品和服务价格时，听取利益相关方的意见建议，对定价或调价的必要性、可行性进行论证的程序性活动。这一定义可以理解为：①定价听证的主体是行政机关，一般是拥有政府定价权的机关，即各级政府价格主管部门。②定价听证的范围是制定和调整关系群众切身利益的商品和服务价格。③定价听证的对象是利益相关方，即定调价后可能影响其利益的相关方面，包括消费者、经营者、经营者的上游供货企业等。④定价听证的内容是定调价的必要性和可行性，包括定价是否合法，是否切合实际，是否符合政府定价原则，是否符合国家利益和群众利益等内容。⑤定价听证是行政机关作出定价决策的程序性规定，未依法进行定价听证的，不得作出定价决定。

（二）价格听证制度的渊源

包括价格听证制度在内的现代行政听证制度的共同历史渊源是英国行政法中的自然公正原则。自然公正原则包括两个基本规则：一是反对偏私规则，即一个人不能在自己的案件中当法官；二是公平听证规则，即必须公正地听取人们的抗辩。公平听证规则要求裁判者在作出裁判之前，必须听取各方当事人的意见，不能因公民未能为自己作出有利辩护而蒙受不利影响。公平听证规则是自然公正原则的核心内容。公平听证规则赋予行政管理相对人三项权利：一是相对人有在合理时间内得到通知的权利，二是相对人有了解行政机关论点和根据的权利，三是相对人有为自己辩护的权利。公平听证规则在现代法治国家被认为是行政程序法的核心。

由于历史传统的原因，英国的自然公正原则深刻地影响着美国的法治观念和法律制度，美国更是将其上升为宪法原则。美国联邦宪法第 5 条和第 14 条修正案规定，“非经正当法律程序，不得剥夺任何人的生命、自由和财产”。这就是著名的“正当法律程序原则”，也是权力公正行使的基本原则。根据美国最高法院的灵活解释，正当法律程序不仅适用于司法程序，而且适用于行政程序和立法程序。该原则包括两方面的要求：一是实体公正，即国会制定的法律和政府制定的法规、条例等法律文件必须符合公平、公正的要求；二是程序公正，即行使权力的程序必须公正、合理。就程序而言，正当法律程序原则在行政领域要求行政机关在作出对他人权利有不利影响的决定时，如果制定法律和法院判例没有明确规定排除适用，则必须听取当事人的意见，给当事人充分陈述自己立场和观点的机会，并使当事人获得作出该决定的理由。由此可见，听证是美国公民根据宪法正当法律程序所享有的权利，是对行政机关行使行政权力最低限度的程序要求。

1946 年美国国会制定的《联邦行政程序法》，第一次将听证作为一项重要的制度写入法律。在美国，听证权利不仅仅是一般的法律规则，更是一项基本的宪法权利；它是宪法规定的正当法律程序的具体内容，是直接来源于宪法的程序制度，其效力高于行政法上一般规定的程序规则；它要求一切涉及对当事人不利的决定，必须听取当事人的意见，当事人具有要求听证的法定权利。因此，听证制度成了《联邦行政程序法》的核心。《联邦行政程序法》共 12 章，第 7 章专门规定了听证制度。该法的第 556 条和第 557 条就明确规定像政府行政机关制定规章这样的政府决策适用听证。按照此规定，行政机关在制定规章的决策过程中，有责任给利害关系的当事人提供机会，让他们提交书面资料、书面意见和辩词，给他们提供口头辩论的机会，通过这些方式让他们参与规章的制定等政府决策过程。听证程序的法定性意味着，利害关系人享有法定的听证权，行政机关负有法定的听证义务。

听证程序分为正式听证和非正式听证。在正式听证中，行政法官主持听证会，行政法官的听证权利包括主持宣誓、签发传票、记录或命令记录法庭外证言、规定听证过程、主持解决或简化争端的会议、处理程序上的问题、作出决定或建议性的决定等。行政法官首先介绍各方听证会参加人及人数，并对听证案件进行简要说明，当事人进行陈述并出示证据，然后双方进行质证和互相辩论，专家证人就听证过程中的问题发表自己的见解或作证。美国还对举证作了详细的规定，所有这些发言都将记录在案，听证结束后听证法官作出决定，各方利益相关人如对决定不服，有权提出申诉。非正式听证程序没有正式听证程序复杂，既确保听证程序的简单和促进行政效率的提高，又保证各利害关系人的充分参与和公开辩论，使行政决定公平、公正。不管是正式听证程序还是非正式听证程序，都具有正当法律程序的核心内容，就是有得到通知的权利和进行辩护的权利，都秉承了一贯公开的原则，对社会公众和新闻媒体公开，使整个过程处于监督之下。

二、我国价格听证制度的发展历程和现状

（一）演进历程

我国价格听证的历史可以追溯到 1993 年深圳在全国率先实行价格审价制度，这是我国定价听证制度的雏形。1997 年 6 月，江苏省发布了《江苏省公用事业价格决策听证暂行办法》，开始对公用事业价格决策实行价格听证制度。1997 年 9 月，广东省制定了《广东省价格决策听证暂行办法》，在全省范围内全面推行价格决策听证制度。江苏、广东等地的创新实践，为随后的定价听证立法奠定了坚实基础。1998 年 5 月 1 日正式实施的《价格法》首次从法律层面将定价听证制度引入价格决策程序，这也开创了我国行政决策领域引入听证程序的先河。该法明确规定："制定关系群众切身利益的公用事业价格、公益性服务价格、自然垄断经营的商品价格等政府指导价、政府定价，应当建立听证会制度，由政府价格主管部门主持，征求消费者、经营者和有关方面的意见，论证其必要性、可行性。"原国家计委于 2001 年 8 月和 10 月

颁布的《政府价格决策听证暂行办法》和《价格听证目录》，为我国定价听证工作提供了现实可行的操作办法，使我国的定价听证制度向前迈进了一大步。2002 年 11 月，原国家计委出台了《政府价格决策听证办法》，将暂行办法转换为正式办法。定价听证制度作为一项创新制度，在实行期间也遇到了很多新的问题，为此，国家发展改革委从 2006 年起组织力量对《政府价格决策听证办法》进行了修改完善，经广泛征求社会意见和建议，于 2008 年 10 月 15 日出台了新的《政府制定价格听证办法》，目前这一办法是各地价格主管部门组织召开定价听证会的具体制度性和程序性依据。2014 年 10 月，《中共中央关于全面推进依法治国若干重大问题的决定》提出，要完善科学立法、民主立法机制，创新公众参与立法方式，广泛听取各方面意见和建议。2017 年 9 月 18 日，国家发展改革委印发《政府制定价格行为准则》，强调“对依法应当通过听证方式征求意见的，由政府价格主管部门主持，按照价格听证的有关规定开展听证；未经听证不得制定价格”（见表 6-1）。

表 6-1 我国价格听证相关政策发展历程

时间	事件或文件
1993 年	深圳在全国率先实行价格审价制度
1997 年 6 月	江苏省发布《江苏省公用事业价格决策听证暂行办法》
1997 年 9 月	广东省制定《广东省价格决策听证暂行办法》
1998 年 5 月	《价格法》
2001 年 8 月	原国家计委颁布《政府价格决策听证暂行办法》
2001 年 10 月	原国家计委颁布《价格听证目录》
2002 年 11 月	原国家计委出台《政府价格决策听证办法》
2008 年 10 月	国家发展改革委出台《政府制定价格听证办法》
2014 年 10 月	《中共中央关于全面推进依法治国若干重大问题的决定》提出，要完善科学立法、民主立法机制，创新公众参与立法方式，广泛听取各方面意见和建议
2017 年 9 月	国家发展改革委印发的《政府制定价格行为准则》强调，“对依法应当通过听证方式征求意见的，由政府价格主管部门主持，按照价格听证的有关规定开展听证；未经听证不得制定价格”

资料来源：根据价格听证相关政策整理。

价格听证制度在我国从无到有，从原则规定到具体实施办法出台，所取得的成绩是毋庸置疑的。自定价听证制度建立以来，我国各级价格主管部门已经举办了上万次定价听证会，内容涉及水、电、气、交通、景点门票、教育、电信等诸多领域。定价听证制度的实施，对于规范政府价格决策行为，制约行业垄断经营，消除消费者与调价企业之间的误解和矛盾，提高政府价格决策的科学性、民主性等方面都取得了明显成效。定价听证会提供了一个由政府、企业、社会公众共同参与的公共决策平台，能让普通公众通过听证会形式有机会直接或间接地参与到关系他们切身利益的公共决策中来，改变了过去公共决策仅由政府部门说了算的局面，保证了决策者与人民群众面对面的沟通，有利于把群众的智慧集中起来完善决策的程序，是了解民情、反映民意、集中民智的有效渠道，可以说定价听证制度是近年来我国民主政治建设领域的一个亮点。

（二）现行价格听证会的基本内容

价格听证的基本原则是指适用于价格听证程序所有环节的根本性指导思想和准则。我国《政府制定价格听证办法》（以下简称听证办法）第四条规定“定价听证应当遵循公开、公平、公正、效率的原则”。

（1）公开原则。听证准备过程中的事先告知制度，听证会相关内容、事项、程序的公开，听证会决策的公开，防止行政权力的腐败和扩宽人民公众的意见的渠道，有一个内在条件是坚持公开原则。对此要充分发挥新闻媒体、社会团体、党团组织以及人大及其常委会等监督作用，保证公民知情权、促使公民参与行政、发表意见和建议，促使行政机关科学决策、民主决策，发挥人民群众的集体智慧。

（2）公平公正原则。公正原则是指在价格听证过程中，听证的主持人或组织者或决策人排除各种可能造成偏见和不平等的因素，平等地对待当事人。首先是实体上的公正。在价格听证会中行政机关能以中立的态度调查听证的事实、搜集听证相关的证据，依据事实和证据的指向适用正确的法律，再结合事实证据和法律作出适当的价格决策。其次是程序上的公正。在价格听证会之前，物价主管部门应当向当事人公布价格听证信息，经营人应当提供价格调整方案相关的一切材料，以便于消费者、物价主管部门、经营者三方更好地参与价格听证，充分听取三方对于价格听证的解释和说明，确保三方在地位上的相对平等。

（3）效率原则。效率原则是指在价格听证过程中的程序、组织方式、时效保证不损害双方当事人的利益时，以最小的投入获得最大的收获。在保证价格听证公平正义的前提下，节约行政机关的时间、资源、精力，以确保行政机关在有限的时间内发挥最大的潜力。

三、价格听证制度的国际经验

（一）国外价格听证程序

1. 美国价格听证程序

美国称价格听证为费率听证，依据是1946年制定的《联邦行政程序法》，该法首次以成文法的方式明确了行政听证程序，强调对一切可能影响行政相对人利益或当事人利益的事项都必须经过听证程序。

（1）第一阶段：进入价格听证议程程序。进入价格听证议程的条件是由受规制企业或者消费者向规制机构提出价格调整申请，申请被接受，规制机构进行立案，这时价格听证程序开始启动。规制机构本身认为有必要调整价格，也可以启动价格听证程序。企业如果想要正式提出调价申请，必须至少提前60天通知规制机构，在这段时间内规制机构可以调查企业的生产经营状况等，也可以委托独立审计机构调查，如调查结果与企业的调价申请相符，则开始立案。企业在递交申请的同时还须在有影响力的报刊上公告调价方案和获取关于调价方案详细信息的途径。若规制机构接受企业的调价申请，就会在《联邦公报》(Federal Register) 上进行登记，并通知各利害关系人，各利害关系人对调价方案提出异议的期限是30天。在这期间，如果没有人提出异议，规制机构须按照公正、效率原则对非争议性案件灵活处理；如果规制机构没有采取任何处理措施，就表示调价方案自动通过；如果有人提出异议，将举行正式的价格听证会。

(2) 第二阶段：价格听证会举行前的准备程序。听证会举行前的准备阶段主要是确定听证会参加人和通知听证会举行的时间、地点和内容。在价格听证会举行之前，规制机构会进行公告，任何个人或团体都可以提出申请，由于美国鼓励更多的人参加听证会，所以参加听证会的申请一般会获得批准。规制机构在召开正式听证会之前至少提前60天通知各利害关系人，这是因为价格听证中包含复杂的数据核算，较其他听证需要更多的时间准备，具体提前多少天通知视具体听证案件的情况而定，通知内容包括有关听证事项、告知各听证会参加人程序上的权利等，此外还规定了不予通知的情形。

听证会参加人有与听证事项有利害关系的个人、团体和法律规定应通知的有关政府部门，“有利害关系”包括直接利害关系和间接利害关系，直接利害关系人具有参加听证会的资格，而美国对间接利害关系人的范围没有直接规定，但倾向于让更多的公众参与价格听证会。任何个人或团体都可以通过申请参加听证会或在听证会上发言，如果个人或团体认为虽然听证案件不涉及自身利益但有意愿去参加听证会或在会上发言，也可以提出申请，但这些申请是否被通过最终都要由听证机构来决定，发言申请的决定依据是申请材料是否有助于实现听证价格的公正和公平。

在正式听证会举行之前根据具体情况召开预备会议，由听证主持人员组织和主持，各方就听证案件进行协商，或把握价格听证案件中的关键问题。如果在预备会议中能够协调争议，达成一致，则不必召开正式的价格听证会，不仅能够节省各方面的时间和费用，也提高了政府的行政效率；如果在预备会议中各方不能达成一致，预备会议也起到了简化争端、为举行正式的听证会做好提前准备的作用。并不是每个听证案件都适用协商程序，必须符合一定的条件才能适用。

（3）第三阶段：价格听证会进行程序。消费者组织在价格听证会上发挥着重要的作用，是听证会上维护消费者利益的主要力量。这些消费者组织在美国被称为公用事业消费者律师事务所，代表消费者的利益与企业、政府、其他组织等进行协商。由于公用事业消费者律师事务所具有较强的专业性，通常能够在很大程度上影响行政法官的裁决。

规制机构规定企业须定期向其提交生产经营方面的各种信息和数据，如收费标准、销售收入、客户数量、成本信息、税收数据及其他一些影响因素信息，规制机构还有权对企业进行实地检查和测试，核实其资料和数据。规制机构可以通过提交的资料和依法获取的信息大致了解企业的生产经营状况，便于对企业进行管理和监督，并且可以拥有较多的资料用于价格听证会上的分析，有助于确定一个合理、公平的价格。

美国降低规制机构和企业之间信息不对称问题采取的措施之一，是对参加听证会的干预者进行补助。干预者是能够提供对确定听证价格有价值的资料，申请参加听证会发言，且规制机构批准其发言的个人或团体。因为企业的生产成本很难调查清楚，而干预者又能对确定公平合理的听证价格有很大帮助，但参加听证会的费用会成为干预者考虑的因素之一，因此美国通过对干预者进行补助的方式，支持和鼓励干预者参与价格听证会，由申请调价的公用事业企业支付全部或部分干预者补助费用。美国对干预者的补助制定了严格而详细的规定，只有符合一定条件的干预者才能获得补助，例如干预者存在一定的经济困难，若干预者是组织形式的，则必须是非营利组织，等等。

(4) 第四阶段：价格听证会后的处理程序。《联邦行政程序法》规定正式听证程序要求行政机关以听证记录作为作出行政决定的依据，“证言的记录、物证以及程序进行中提出的一切文书和申请书”构成行政机关作出决定的唯一案卷，这就是美国行政听证制度中的“案卷排他性原则”。行政法官（即听证主持人）既有主持听证的权力，又有作出听证决定的权力，决定权包括初步决定权和建议性决定权，行政法官依据听证案件的性质不同行使不同的决定权。如果行使的是初步决定权，在规定的期限内没有人向行政机关主动提出要求复议时，行政法官作出的初步决定就成为最终决定；而对于建议性决定，还需要行政机关在审阅案卷后作出最终决定。

2. 德国价格听证程序

作为大陆法系的代表，德国在听证制度上既有与美国听证制度相同之处，又有不同之处。

一是听证主持人的权力，由行政机关首长或指定的工作人员担任听证主持人，听证主持人只有主持听证的权力，没有作出听证决定的权力，行政机关行使最终决定权。

二是听证会的性质，听证会不是决策会，听证程序的结果只是提交给行政机关作为参考。

三是听证会参加人范围，利害关系人都有参加听证会的资格，包括直接利害关系人和间接利害关系人。

四是听证程序形式，大多数听证案件适用非正式听证程序，适用正式听证程序是例外，法律规定应实行正式听证的案件须采用正式听证程序。

五是听证会进行程序，听证主持人首先介绍各方听证会参加人，并简要说明听证案件，当事人就听证案件发表自己的意见，陈述自己的观点，各方进行辩论，证人和鉴定人在听证会中保持客观公正。

六是听证是否公开举行，行政程序法明确规定“言词辩论不公开进行”，也就是实行不公开原则，而公开只是例外。

七是听证笔录的效力，行政机关在作出决定时应斟酌全部程序的结果，听证笔录对听证决定具有一定的约束力，但不是必须以听证笔录为根据，除非法律明确规定听证决定必须以听证笔录为根据。

3. 日本价格听证程序

日本将通常意义上的“听证程序”称为“意见陈述程序”，包括听证程序、辩明程序、公听会和其他听证程序，其他听证程序又包括听取意见、公听会、提交意见书、行政裁判中的听证程序，不同的领域适用不同的程序。

第一，听证主持人由行政机关的首长或指定的工作人员担任，听证主持人的权力有：要求或许可利害关系人或其他参加人参加听证会；决定审理方式；决定后续听证时间；终结听证；维持秩序的权力；制作听证案卷；制作听证程序报告书等。除了以上听证主持人具有的组织听证的权力外，还拥有在向行政机关递交的报告书中表明自己意见的权力。

第二，日本听证会采用原则上不公开、公开是例外的方式，如行政机关认为该会议适合公开则公开。

第三，适用的听证程序主要有法定听证和任意听证，也就是正式听证程序和非正式听证程序，但在实际运用过程中则以非正式听证程序为主，正式听证程序的运用为例外。

第四，关于听证笔录的效力，行政机关作决定时须充分考虑听证会的意见，但听证决定不是必须根据听证笔录作出，只有法律明确规定以听证笔录为根据的才必须基于听证笔录作出行政决定。

（二）国外价格听证制度的经验

1. 参加人范围广泛

德国和日本价格听证法规定，听证会通知的对象包括受行为影响的相对人或关系人，但是任何人都可申请参加听证会，消费者在听证会参加人中的比例没有明确的规定。美国与德国的代表范围较相似，更重视听证制度对公众的影响，允许更多公众参与行政机关的程序。美国价格听证会的参加人包括听证项目的利害关系方和按法律规定需通知的相关政府部门。利害关系方的范围很广泛，不论是直接还是间接，只要是权利或义务有可能受到影响的个人或团体，即便是公共利益团体的成员，都可以通过申请要求作为听证会参加人参与听证。由于参与人数众多，听证会持续的时间往往较长，短则几天，长则连续十多天。为了节约行政成本，提高决策的效能，美国等国家一般会在正式的听证会前召开预备会。

2. 合理选择形式

根据公众参与的方式和程度不同，听证程序可以简单划分为正式听证和非正式听证。美国等国家的非正式听证有明确的适用程序，完善的程序加上相对的灵活性，非正式听证的使用频率非常高。在听证形式的选择上，德国和日本较为相似，注重实际效率，实行以非正式听证为主导、正式听证为例外的原则。非正式听证程序应用广泛，即一般的行政程序中所包含的听证程序没有固定的形式，只有在特别法中规定的要式行政程序才要求用言词审理的方式进行听证。美国的非正式听证程序较为完善，明确了非正式听证的适用范围，除了法律明确规定的须举行正式听证的事项外，其他行政决策可适用于非正式听证。对于非正式听证的程序也作了规定，必须满足行政程序法中的最低限度的程序要求。

3. 主持人制度完善

一是规定选任条件和职权。德国和日本在人员选任方面相似，一般情况下由行政机关的首长或者指定人员担任听证会的主持人。但职权各有不同，《联邦德国行政程序法》规定听证主持人只有程序性权力，负责主持听证，在听证笔录上签名，保证笔录的真实性，对决策没有建议权和决定权；日本听证主持人则有建议权。除了组织听证，在听证结束后要向行政机关递交报告，并说明对当事人主张有无理由的意见。美国在主持人选任和权利方面均与这两个国家不同，《联邦行政程序法》规定听证主持人及行政法官有主持听证和作出初步性或建议性决定的权利。

二是明确回避制度。美国、德国和日本在听证主持人回避方面均作了严格而细致的规定。美国实行“排除偏见原则”，听证主持人如果是直接或者间接的，甚至包括其配偶或直系血亲的个人利害关系在内的利害关系人，或者对当事人一方存有个人偏见的，都必须申请回避或者由当事人提出要求其回避。德国规定，如果听证主持人是当事人或者当事人的代理人，或者与当事人有亲属关系、为获得报酬而为当事人服务等六类人员都不可以担任听证主持人，并将亲属的范围在行政程序法中罗列出来。日本《行政程序法》在法条中详细规定了不能主持听证必须回避的情形。

4. 笔录法律效力明确

听证笔录对行政决策的影响主要分为两种模式：一是听证笔录对行政机关的决定有一定的约束力，德国和日本都属于这种模式，在作出决策时，充分考虑听证笔录，但没有将其作为唯一决策依据。二是听证笔录对行政机关的决定有绝对的约束力，是作出行政决策的唯一依据。美国《联邦行政程序法》中第556条规定，行政机关应根据听证记录作出决定，“证言的记录、物证以及程序进行中提出的一切文书和申请书”构成行政机关作出决定的唯一案卷，即著名的案卷排他性原则。

四、完善我国垄断环节价格听证制度的建议

（一）降低公众参与成本，扩大公众参与覆盖面

价格决策前，公众参与的功能是从公众处获取尽可能多、尽可能全的信息。因此，对相应参与形式应有两个要求。

第一，参与成本最小原则。由于信息供给型的公众参与并没有赋予公众参与决定决策目标的权力，公众的收益不大，容易导致公众缺乏参与热情。因此，在参与形式的设计上一定要保证将公众的参与成本降至最低，使公众所花费的时间和经济成本达到最小值。如问卷调查这种形式，一般来说，如果公民只需要花费2～3分钟的时间来帮助价格主管部门改进某项价格决策的话，就算不能享有决策权，大多数公民都不会拒绝参与。

第二，参与人数最大化原则。由于信息供给型的公众参与的核心在于信息的量，参与人数越多，提供的信息越多，就越有助于行政主体作出一项科学合理的决策。根据上述原则，信息供给型的公众参与所对应的典型的公众参与形式是公民调查。公民调查既包括书面的问卷调查，也包括利用现代通信手段进行的调查，如电话、电子邮件、网络论坛等。2015年南通市中心区域停车收费政策改革就采取了这种方式，通过对驾驶人的随机问卷调查和网上问卷调查，对收费方式、收费时段、收费水平等问题进行了广泛的意见征集，整理归集后共收到21份建议，为后期收费政策的出台提供了民意基础。此次的公众参与并不是要说服公众接受决策结果，也不是要聚合公众的价值

偏好并根据聚合的结果作出决策，是一次典型的信息供给型的公众参与。

（二）保障公众参与的充分讨论及其对决策的约束作用

价格决策过程中的公众参与就是要通过不同的声音，经过充分讨论，形成价值聚合，并根据聚合的结果来确定决策目标。因此，该类型的参与形式应有两个原则。

第一，充分讨论原则。不同主体之间的价值偏好如果想要产生聚合，就需要一个相互讨论的过程，每一位参与的公民可以表达各自的价值偏好，并为自己的偏好进行辩护，尝试说服其他公民和价格主管部门。所以，这种类型的公众参与形式应当保证公众和决策主体都有充分的讨论机会，这是价值聚合的首要条件。

第二，讨论意见对决策结果的约束原则。公众和决策主体在讨论后所聚合的价值观，对于决策目标的确定应具有法定约束力。如果最后的决策目标不是根据聚合价值作出的，那么就会失去价值聚合型公众参与的意义。目前学界对价格听证制度的批评也主要集中在听证笔录对决策结果没有法定约束力上。由此来看，完善价格听证制度的关键不仅要在程序设计上赋予参与人进行价值聚合的机制，还应确立听证笔录对决策结果的法定约束力。

（三）建立公众参与的反馈和信息公开机制

信息公开是现代行政程序的重要制度之一，是最大限度保障行政管理相对人知情权的根本制度保障。价格决策出台后，如何保证政策的顺利实施，成为公众参与形式选择的重要因素。因此，增进决策结果可接受型的公众参与形式成为选择方向。该类型对参与形式的要求有两个原则。

第一，价格主管部门论证自己的主张原则。将价格决策的各种考虑暴露在公众的视野之下更容易增进公众对决策结果的认同和理解，认同和理解可以提高公众对最终决策结果的接受性。

第二，公众意见的回应原则。从心理学的角度来说，让公众畅所欲言，并对其意见一一作出回应，证明其与公共利益不符之处以及其他不予采纳的理由，公众接受决策结果的可能性会大大提高。这种类型的公众参与所对应的形式有座谈会和书面征求意见。如资源性产品的价格多数呈上涨趋势，部分公众心理产生一定抵触情绪，一些媒体片面听取部分不理性消费者的偏激言论，造成报道有所偏颇。因此，增加决策事项的透明度，提高公众的知情权显得尤为重要，“公开透明”成为政策顺利实施的重要条件。

（执笔：荣晨）

参考资料目录

［1］黄华. 完善我国价格听证制度的思路探析［J］. 经济问题，2014（03）：28-31.

［2］国家发改委法制考察团. 英国的价格管理和听证制度［J］. 粤港澳价格，2004（02）：17-19.

［3］肖萍，何杨. 关于“逢听必涨”的理性思考［J］. 价格月刊，2016（08）：34-38.

［4］刘洪芹. 自然垄断行业价格听证的现状及改进［J］. 改革与战略，2007（03）：11-13.

［5］李绍兵. 我国价格听证制度存在的问题及对策［J］. 管理观察，2017（08）：107-108.

［6］安乔治，李建平. 完善价格听证会制度 促进城市公用事业价格改革［J］. 价格月刊，2013（11）：25-28.

［7］尹少成．价格听证中消费者参加人遴选机制的困境与出路——基于北京市价格听证实践的考察［J］．北京行政学院学报，2015（03）：101－108.

［8］施志萍．公众参与价格决策的路径选择［J/OL］．江苏价格，2018（1）［2019－07－02］．http://www.jsjgxh.org/col21/articleinfo.php?intClassID=148&intArtID=314.

［9］颜艳平．我国定价听证制度缺陷、执行偏差及对策研究［EB/OL］．（2018－11－23）［2019－08－01］．http://ygwj.chinadevelopment.com.cn/wjr/2018/1123/1402442.shtml.

［10］张凤合，杨雪．价格听证会：现实困境、价值分析与政策出路［J］．中国行政管理，2016（01）：95－98.

第七章
垄断环节成本信息公开制度

内容提要： 垄断环节成本信息公开制度可以降低自然垄断企业的“道德风险”和“逆向选择”，为定调价提供参考，保障人民群众的知情权和参与权。我国自然垄断企业成本信息公开存在渠道和形式单一、公开依据待完善、公开内容局限和公开质量缺乏保障等问题。应明确自然垄断企业成本信息公开制度的目标和原则，科学设计垄断行业信息公开制度体系，完善相应法律规章，优化自然垄断行业成本信息公开机制和相应的监督考核机制。

2017 年 8 月发布的《国家发展改革委关于进一步加强垄断行业价格监管的意见》指出，要“建立健全垄断行业信息披露和公开制度，强化垄断企业向监管机构的信息报送和公开义务，督促垄断企业定期向社会披露生产经营和年度财务状况，公开有关成本及价格信息。政府定价机构制定和调整价格应当公开成本监审结论”。“逐步扩大至所有垄断行业，提高政府定价的透明度”。可见，信息公开是垄断行业价格规制中的重要一环，建立健全成本信息公开制度，规范成本信息公开的范围、程序、内容，能够发挥社会监督对自然垄断企业行为的约束作用，增强政府定价的科学性，完善价格形成机制，对深化价格机制改革具有重要意义。

一、自然垄断企业成本信息公开的必要性

（一）规制机构合理定调价的重要参考

成本信息是定价的基础和依据，成本信息的有效真实性直接决定了自然垄断行业定价机制的科学合理性。规制机构对自然垄断行业规制的重要依据即自然垄断企业提供的成本信息，在此基础上才能完善合理的定价机制，并科学开展成本监审工作。如果自然垄断行业企业提供的成本信息失真或缺失将会给成本定价工作带来难题，披露的成本信息过高会直接给消费者造成福利损失，披露的成本信息过低会使企业经济效益受损无法正常生产经营。因此，科学有效的成本信息公开制度能够促使政府和公众切实了解自然垄断企业的收益情况，建立规范的自然垄断企业运营数据系统，为规制机构提供有力的成本监审依据，继而不断优化自然垄断行业定价制度，提高政府定价科学性和公信力。

（二）抑制被管制者"道德风险"和"逆向选择"的屏障

成本信息披露是一种有效的治理手段，能有效发挥对企业行为、资本市场等的监督治理作用。电力、天然气、供水等行业都属于供方垄断市场，具有自然垄断属性，如果垄断企业产品成本信息不对称，会产生逆向选择问题。一是信息公开不完善将会导致信息壁垒进而降低资源配置效率。二是若信息公开失真将会导致规制机构无法有效识别自然垄断企业的高价策略，进而造成消费者福利损失和资源浪费。三是信息公开中的人员成本公开不到位会产

生薪酬不平等问题。为了增强自然垄断企业成本的信息含量，必须通过政府的强制性手段，促使企业真实规范披露成本信息。通过程序规范、规定明确的信息公开制度，可以让企业及时有效地披露信息，维护自然垄断行业定价机制的科学性，缓解市场和社会公众对自然垄断行业定价的现实和潜在压力，进而避免自然垄断企业的道德风险和逆向选择问题，最大限度维护市场竞争秩序，为市场价格机制激励优势的充分发挥营造良好的外部信息环境。因此，强制性成本信息披露作为一种有效的治理手段，借助社会公众的监督力量，形成自然垄断行业有效、及时和可持续的外部监督，能进一步提升政府成本监审的效率，完善政府定价机制。

二、我国自然垄断企业成本信息公开制度存在的主要问题

（一）信息公开的依据尚待健全完善

从政府层面来讲，对于垄断行业缺乏相应的信息公开约束性政策文件，除了全国信息公开条例和信息公开指南外，并没有针对自然垄断行业信息公开的法律法规，缺乏相应依据。通过对各地信息工作整理的情况看，对垄断行业成本监审的情况大多数都是以公布工作进展为主，相应结果公开程度较低，透明度有限。且一些公布了信息结果的省份也并未就关键数据进行详细说明，给出计算方法、公式、调价原因等依据。

从企业层面来讲，除供水行业外的自然垄断企业成本信息公开的相应法律法规只有《会计法》《中华人民共和国公司法》《企业会计准则》等一般通用性的依据，缺乏行业层面和具体实施层面的相应规章，仅在《企业会计准则》中规定了财务报告需要披露的财务状况和现金流等信息，对自然垄断企

业信息公开的指导性有待加强，相应规则还需进一步细化。总之，根据目前自然垄断企业成本信息相应规定，企业所需披露的信息量有限，并不能充分全面地反映自然垄断企业的成本信息，不足以为规制机构提供有效的支撑和依据，无法有效发挥信息公开制度的监督治理作用。

（二）信息公开的渠道和形式单一

一是目前我国自然垄断企业信息公开的渠道比较单一。大多数都是通过企业官网进行公布，受众面较窄，并且公布的位置在网站上较为隐蔽，分类不清晰，需要在大量信息中进行提取查找，不能及时反映相关情况并获取成本信息公开的反馈。

二是目前我国自然垄断企业信息公开的形式相对单一。自然垄断企业相关信息主要反映在企业成本报表中，这种信息公开形式较为单一且辐射范围有限，致使其公开程度较低，难以达到信息公开的效果。因为仅在企业成本报表中公开相关信息，若没有强制性公开要求，成本报表很难对外披露，社会大众很难获取相应的成本信息，无法形成有效的外部监督。相比之下，成熟市场经济国家和地区的垄断企业对信息公开的形式较为多样化，如在咨询栏中有详细的目录，包括电力供需、财务信息、电价成本燃煤采购、天然气采购和人力资源发展等信息，便于查找，并且提供相应的图表信息，对时间序列和截面数据的相应成本反应得较为翔实有效。

（三）信息公开的内容局限且透明度不高

一是成本信息含量低。衡量自然垄断企业成本信息含量高低的一个重要标准，是其是否能为规制机构定价和监审提供有效科学的依据。但实际中我国自然垄断企业公开的相应成本信息对成本监审的支撑力却有限，其对相关信息只是进行结果公布，并未对成本来源、结构等信息进行充分的说明，列出相应依据等重要内容。因此，规制机构难以根据现有信息进行决策、评估和判断，进而完善相应定价机制。例如，在自然垄断企业薪酬成本中，目前只公开了员工数量、教育程度、离退休职工人数等简单的信息，对编制外人员的经费使用情况并未给予充分说明，规制机构不能完全了解自然垄断企业薪酬成本的结构信息。表现出宽型信息需求与窄型信息供给的结构矛盾，易产生相应质疑。而在成熟市场经济国家和地区，垄断企业完善信息咨询栏中对成本的披露内容完整且时间序列的前后比较非常清晰。不仅从时间维度上公布了成本信息情况，还对成本的结构也进行了公布。

二是只公布结果，不公布详细参数。在相应信息公开中，只是对垄断行业价格调整的结果进行说明，并未给出相应的原因和依据介绍，并未公布相应的调价公式、调整调价和主要调整方式，也缺乏相应的补充数据，对成本的结构和相应的变化未进行充分完整的说明，信息使用者无法真正理解成本产生的原因和过程。以电力行业为例，在成熟市场经济国家和地区，垄断企业不仅公布成本的相关信息，还公布电力运作方式和购入电力种类及依据等相应的成本核算方式，能够使规制者和消费者快速了解成本的构成过程，避免产生争议。

（四）信息公开的质量较差

一是成本信息数据存在缺失。在实际中，部分自然垄断企业提供的成本信息不够全面，不能准确反映成本信息，无法进行准确的成本核算，不能及时向社会公布相应成本的来源和结构，进而无法为规制机构提供有效依据。在有些情况下，由于缺乏强制性的信息公开约束，个别企业不愿提供对于提升产品价格不利的成本信息，给成本监审和定价制度带来难题。

二是成本信息与实际情况存在出入。目前成本信息与实际情况存在出入主要体现在信息虚假和信息误导等方面。部分自然垄断企业为了追求利润最大化，在实际中会模糊处理低效使用和不合理使用资金的用途，还有企业为了提高垄断定价水平获取超额利润，不愿公开真实成本信息或只公开部分成本信息，这些都会给成本监审及政府定价制造障碍。由于成本信息部分失真，信息使用者无法通过企业的成本信息披露情况提取企业与定价相关的成本费用情况，更不能成为科学定价决策的基础依据。

三、阻碍自然垄断企业成本信息有效公开的原因

完善透明的成本信息公开可以大幅度降低垄断行业的交易成本及规制成本，发挥社会监督对政府行为的约束作用，增强政府定价的公正性，并能有效地获得公众的理解和支持，避免产生诸多价格政策质疑，但实际中垄断行业信息公开现状却不容乐观，究其原因，是缺乏相应的法律法规、约束机制和完善的规制制度。

(一) 信息公开的法律法规不够健全

目前，与自然垄断企业成本信息公开相关的法律法规，只有城市供水制定了相应规定，即《关于做好城市供水价格调整成本公开试点工作的指导意见》。我国在法律层面缺乏统一的强制信息公开法规，未能通过立法保障社会公众对自然垄断企业成本信息的监督权和参与权，无法通过法律形式对自然垄断企业的成本信息公开形成威慑。在国家层面并未通过制定电力、天然气、铁路等自然垄断行业成本信息公开办法。由于缺乏相应的制度规定，无法对

自然垄断企业进行有效约束，也不能为企业信息公开提供有效的规章依据。没有专门的信息公开规章制度，将无法真实有效地反映自然垄断企业的成本信息，以致给成本核算和成本监审带来一定的挑战。

（二）强制性信息公开约束刚性不足

自然垄断企业在利益驱动下没有主动公开成本信息的激励，政府必须建立强制的信息公开制度进行约束，才能使其进行较为完善的信息公开，而目前缺乏相应的约束机制，造成垄断行业成本信息质量低下。一是一些企业以“商业秘密”为挡箭牌拒绝公开核心成本数据。由于缺乏刚性制度约束，企业信息公开的完整性和准确性难以保证。加之我国对商业秘密的含义和范围并未给出明确规定，使信息公开约束力有限。二是一些企业缺乏时间约束，对成本变动等信息的公开较为迟缓，严重影响信息的使用时效。信息的及时准确对垄断行业价格规制具有重要意义，而一些企业由于缺乏相应时效约束，不能及时报送信息也不会承担相应责任，因此采取拖延等策略回避信息公开。三是企业进行有选择性的信息公开，回避一些社会热点和争议。由于垄断行业信息不对称性，缺乏相应的约束机制，垄断企业报送信息往往会回避一些敏感信息。企业往往选择对自身有利的信息公开，规避对自己不利的信息。因此，垄断行业信息公开的真实性、完整性和及时性难以达到成本监审的要求。

（三）信息公开不利的处罚力度过低

实际中，规制部门对于成本信息的规制力量和范围有限，因此，对部分企业违反信息公开相应规定行为的约束力不足，企业对成本信息隐藏或捏造的隐蔽性较强，一些违规者往往能够通过多种方法绕过规制红线。再加上对于信息公开缺乏强制性披露义务约束，没有相应的处罚手段，许多后继者也抱着侥幸心理，企图规避相应信息公开的规制。从我国实际情况来看，目前对自然垄断企业违反成本信息公开相应规定的惩罚力度较低，大多数只给予经济性处罚，违规成本较低导致对企业的威慑力有限，导致其更多从企业收益角度规避信息公开。因此，惩罚力度不足将导致成本信息公开制度在实际中的执行效率和监督机制不足，规制效率将会大打折扣。

四、供水行业信息公开的经验

虽然我国垄断行业信息公开工作任重而道远，但也有一些行业在信息公开方面先行一步，进行了大胆有益的尝试，如供水行业就为其他自然垄断行业提供了很好的参考经验。

（一）制定好公开标准

信息公开必须权衡好信息公开的尺度，明确相应公开标准。相关信息是否予以公开要看其是否有利于成本监审和政府定价工作，带来较好的经济社会效益，而不是一味追求完全公开。凡是跟成本监审和定价工作相关的信息都要公开，因为其关系到社会公众的切实利益，应明确相应公开的程序和标准，在成本信息公开与保密之间寻求平衡，既不侵犯自然垄断企业的商业秘密，又要保障大众的知情权、参与权和监督权。规制部门要平衡好双方利益，一方面，要提高自然垄断企业效率，降低相关产品和服务价格，完善自然垄断行业的定价机制，提升消费者福利。另一方面，要体现自然垄断行业产品作为商品的经济属性，兼顾企业效益，保障人民基本生活供应的安全性和可持续性。

（二）把握好公开节奏

供水企业成本信息公开是在部分地方进行试点并充分总结经验教训的基础上才推行开来的，是一个循序渐进并在实践中不断探索优化相应制度的过程。供水行业首先将上海选为试点地区，后又在北京、广州等地进行探索，为信息公开的全面铺开奠定了良好的基础，及时改善相应制度设计，避免了短时间内全面铺开可能会产生的紧急问题和负面效应。因此，其他自然垄断行业的成本公开可以参考供水行业信息公开的相关经验，成熟一批公开一批，等条件完全成熟后再全面铺开，避免产生较严重的负面效应，影响整个成本信息公开的进程。

（三）引导好相关舆论

自然垄断行业成本信息较为敏感，涉及公众的切身利益，容易引起公众的质疑。规制部门在政策执行过程中要做好相应的舆论引导工作，明确信息公开标准，保障公众的知情权，对自然垄断企业形成有效的外部监督，最终形成科学有效的自然垄断行业定价机制。在网络发达、信息开放的条件下，一些事件容易被放大，引起公共信任危机。因此，成本公开的制度设计细节需要特别注意，一是技术层面的，要审慎确定信息公开的程度和范围，保障信息公开的质量。二是公开过程中要形成良好的反馈机制，进行及时的舆情监测，对争议问题的处理要及时、诚恳，提高公众信任度。总之，要把信息公开的焦点锁定在加强自然垄断行业规制、帮助规制机构合理定价上。

五、我国自然垄断企业成本信息公开制度的框架设计

（一）自然垄断企业成本信息公开的目标

信息公开的基本目标是要为政府定价提供有效支撑，保障社会公众的知情权和监督权。一是成本信息公开应有助于政府的定价决策。通过信息公开为规制部门提供有效的决策支撑，使政府及时准确地掌握自然垄断企业的成本、结构和来源等信息，确保政府定价的科学有效。二是成本信息公开要保证社会公众的知情权和参与权。要通过相应的制度约束，促使企业公开相应成本信息，尤其是关系公众切实利益的信息要充分合理地予以公开，对自然垄断企业形成有效的外部监督机制。

信息公开的核心目标是通过高质量的成本信息公开促进自然垄断企业产品定价和成本监审的科学化、合理化，消除信息不对称导致的逆向选择和道德风险问题，通过刚性制度约束促使资源配置最优化，提升自然垄断企业的生产效率，切实维护消费者权益，最终实现社会福利最大化。总之，要结合自然垄断企业成本信息公开的基本目标和核心目标，明确成本信息公开的定位，逐步建立完善的成本信息公开制度，从短期到长期层层递进逐一实现目标。

（二）自然垄断企业成本信息公开的基本原则

1. 真实性

公开的成本信息必须真实反映企业的成本信息，不能与实际发生的交易

事项存在出入，必须按实际发生的费用进行公开，不能存在虚假信息，具体包括三个方面要求：一是客观性，即所有成本信息都是企业生产经营中实际发生的。二是规范性，即企业必须按规定的内容和程序进行信息披露。三是完整性，即企业需要保证披露的信息内容全面、质量可靠。

2. 相关性

公开的成本信息要给政府定价和成本监审工作提供有效的支撑，因此凡是与政府定价和成本监审有关的信息都需要公开，这也是信息公开质量的重要因素。一方面，公开的信息要与企业成本相关，凡是与企业成本相关的交易事项，都应转化为公开的成本信息数据。另一方面，公开的信息要与相应产品定价相关，即公开的成本信息是能够为相关自然垄断产品定价提供依据的。

3. 及时性

信息的时效也会影响政府成本监审和定价工作的效率，公开不及时会使相关工作大打折扣。及时性包含两方面的要求，一是处理及时，即企业在发生相应成本时就要及时在本期经济活动中予以核算并处理，不能递延至下一期。二是要报送及时，即相关成本信息和报表等应及时传递与报送给规制部门，让规制部门及时掌握垄断企业成本信息的变化情况，了解成本变化规律，为科学决策奠定基础。

（三）自然垄断企业成本信息公开的主要内容

自然垄断企业信息公开的内容主要包括三个方面：一是企业基本经营情况，这是公众理解和使用定价成本信息的基础，为判断成本的合理性提供重要参考。二是企业成本的明细情况，这是自然垄断企业公开成本信息的核心部分。企业要明确列出明细成本费用的金额、比例和来源，便于规制机构在成本监审中进行详细分析和对比。三是公众关心的其他问题。企业成本信息中涉及较多公众关注度较高的内容，如人工成本、三公费用等，要对这些内容予以重点披露，避免产生诸多矛盾和质疑，以公开透明的制度规避相应风险，起到有效的监督作用。

（四）相关配套政策建议

1. 完善自然垄断企业成本信息公开法律体系

首先，要在中央层面制定统一的自然垄断行业信息公开制度，提升信息公开的约束力和有效性，为规制机构提供有力的制度保障。通过强制性的公开义务约束，明确自然垄断企业信息公开的范围和标准，增强信息公开制度对自然垄断企业的威慑力和指导性，充分提升成本信息的透明度，有效促进自然垄断企业价格制定科学化和社会监督持续化的形成。其次，要针对我国自然垄断企业的行业特性，抓紧制定相关行业的信息公开专项行业规章，保障信息公开的科学有效。根据不同行业的特性调整相应的公开内容和形式，保障每个自然垄断行业需要公开的内容、方式、时间和渠道等都能为规制部门提供有效的支撑。最后，还要根据自然垄断企业的特点制定相应的公开指导细则，形成覆盖面广、门类齐全、操作性强的成本公开法律规范体系，使成本信息公开工作能够有法可依、有章可循。增强信息公开制度的指导性和操作性，避免产生信息公开制度上热下冷的执行温差，保障信息公开制度有效实施。

2. 建立企业成本信息公开的考核体系

科学的绩效考核体系能够督促自然垄断企业加强内部管理、提高信息公开的质量。一是要优化信息公开的评价机制。充分调动自然垄断企业的积极性，形成信息公开制度的良性循环。二是健全信息公开的激励机制。设计相应的成本信息公开激励机制，健全相应考核指标，对于高质量披露成本信息的企业给予相应奖励，最大限度激发和引导企业进行信息公开。三是建立相应的信息公开约束机制。充分发挥约束机制的强制性作用，增加自然垄断企业违反信息公开规定的成本，形成强有力的制度约束，为成本信息公开提供制度保障。

（执笔：王丹）

参考资料目录

[1] 杨娟. 建立成本监管体系 提高价格监管效率 [J]. 中国经济导刊，2013 (12)：57-59.

[2] 李岱安. 我国铁路路网成本与定价问题的研究 [D]. 北京：北京交通大学，2006.

[3] 章永奎. 论强制性披露和自愿性披露 [C] //厦门大学会计发展研究中心. 企业财务报告问题研讨会论文集，2001.

[4] 何进日，武丽. 信息披露制度变迁与欺诈管制 [J]. 会计研究，2006 (10)：18-22，95.

[5] 胡国强. 成本信息供求均衡分析 [J]. 中国管理信息化（会计版），2007 (6)：37-41.

[6] 刘文静. 政府信息公开制度的制度经济学分析 [J]. 法商研究，2007 (4)：59-66.

[7] 高培勇，崔军. 公共部门经济学 [M]. 北京：中国人民大学出版社，2011.

第八章
垄断环节价格规制中的对标分析

内容提要：政府规制中的对标分析被视为一种“创造竞争性市场或压力”的技术手段，对减少信息不对称、提供激励机制、确保公允回报，进而提高规制绩效卓有成效。我国应用对标分析面临构建合适的对标分析模型困难、企业绩效水平排序有偏、数据可得性受限等挑战。因此，需加强规制数据库建设，重视对标分析模型的构建和完善，实现规制数据与模型构建的动态优化，明确对标分析的用途，建立多维度的对标分析口径。

一、引　　言

自然垄断行业价格规制是一项针对价格，围绕与之相关的投资、成本、质量等方面进行“精细化”深度干预，统筹规制方法和制度安排的系统性工程。现阶段，我国市场决定价格的机制已基本建立，政府定调价制度建设成效显著，特别是在电力、天然气等自然垄断行业初步引入了现代规制理念和方法。随着新规制经济学的发展，信息不对称和激励机制设计成为政府规制的核心内容。在“约束与激励相结合”的要求下，坚持改革创新，应切实转变价格规制的理念、方式和手段。更多地引入激励机制是我国未来价格规制发展和改革的方向，对标分析（Benchmarking）是重要内容之一。对标分析可用于收益率规制、上限规制和标尺竞争规制等规制方式中，被视为一种“创造竞争性市场或压力”的手段，在减少信息不对称、提供激励机制、确保公允回报，进而降低政府规制成本上卓有成效（Lowry 和 Getachew，2009；Marques，等，2011）。然而，在激励性规制的框架内，我国就如何构建对标分析模型、利用对标分析结果，以及支撑对标分析应用，特别是建设基础数据库，均尚未进行系统性设计。

我国的对标分析应用和研究常见于企业管理层面，包括石油、天然气、电力等能源行业，以及冶金、汽车制造、轨道交通、电信等行业；所涉及的对标分析指标如成本（投资、建设和运营等成本）、盈利能力、运营能力、可持续发展能力、服务质量、安全生产，以及各项涉及生产、安全、质量、性能的技术参数等。企业对标分析管理在各行各业中自成体系，旨在提高企业的经营管理水平。以国家电网有限公司为例，2005 年开展“创一流同业对标工作”出台了有关指导意见和管理办法（试行），涉及安全生产、资产经营、电网运行、市场营销、供电质量、设备管理、人力资源、信息系统和基建管理等 9 类共 79 项指标，在国家电网公司系统内广泛开展对标管理（毛新蕾，2008）。

与之相比，对标分析在我国政府规制中的应用和研究均较为初步。在实践上，中央政府层面尚未在价格规制工作中系统性引入对标分析的概念和方法，也鲜有地区就对标分析的实际应用进行探索。在研究中，韩勇和田闻旭（2011）提出了电网成本的对标分析方法，目的在于为各地电网可控成本与社会平均可控成本进行对标分析提供基础，为政府进行电网成本规制和输配电价制定提供依据和参考。

本章系统阐述了激励性规制下对标分析的理念和应用，以期发挥对标分析在我国自然垄断行业价格规制中的作用，为我国自然垄断行业价格规制向激励性规制方向转变提供相应的技术储备。本章具体从对标分析的内涵、方法论、应用实践和经验启示等四个方面进行阐述。在内涵上，明确对标分析在政府规制中具有减少信息不对称、提供激励机制、确保公允回报等效能，可显著提高规制绩效。在方法论上，衡量被规制企业的绩效和构建可比性的标杆尤为关键，被规制企业的绩效衡量包括生产率、价格、财务可持续性、服务质量和效率等维度；构建可比性标杆的技术可分为指数分析方法、计量分析方法和数据包络分析方法。在应用实践上，欧洲是采用对标分析最为普遍的地区，这与该地区广泛采用上限制价格规制方式有关；对标分析在我国政府规制中的应用和研究均较为初步。在经验启示上，我国应用对标分析面临构建合适的对标分析模型困难、企业绩效水平排序有偏、数据可得性受限等挑战。因此，需加强规制数据库建设，重视对标分析模型的构建和完善，实现规制数据与模型构建的动态优化，明确对标分析的用途，建立多维度的对标分析口径。

二、对标分析在激励性规制中的内涵

从公共利益理论、部门利益理论发展到传统规制经济理论，规制经济学在取得突破的同时，也发现政府规制存在“失灵”的领域，如 A-J 效应和 X-非效率、规制俘获、信息不对称和“规制呼唤”陷阱等。传统规制经济理论的弊端促进了规制经济理论的创新；而 20 世纪 70 年代末以来全球性的放松规制运动意味着需要更高效能的规制方式。新规制经济学就“信息不对称”问题进行探讨，将信息经济学及其框架下的委托-代理理论、机制设计理论、激励理论和动态博弈论等吸纳到规制研究中。传统规制理论“信息完全”的假设得以修正，规制问题被置于信息不对称条件下的委托-代理分析框架内。新规制经济学的突破反映在以下三个方面：第一，强调信息不对称的重要地位。规制机构与被规制企业之间存在的信息不对称，将导致逆向选择和道德风险。第二，强调效率与被规制企业的信息租金之间存在权衡。由于信息不对称，在提高被规制企业的生产效率时，必须留给其一定的信息租金（Baron 和 Myerson，1982）。第三，强调政府规制的激励相容。在信息不对称的情况下，以机制设计理论作为分析工具，使得被规制企业自利性的行为能够达到规制机构的目标（李三希，2014）。

新规制经济学采用激励性规制方式，如价格上限规制、收入上限规制和标尺竞争规制等。激励性规制的目标为通过规制措施，给予被规制企业以竞争压力和提高投资、生产及运营效率的正面诱因；这一正面诱因通常是某种形式的绩效基准或可比性的标杆。对标分析正是将被规制企业的某些实际绩效指标与可比性标杆进行比较的方法（Jamasb 和 Pollitt，2001）。世界银行 2010 年的报告指出，对标分析应实现以下两个目标：一是绩效基准或标杆应具有可比性，不仅对绩效不佳的被规制企业提供正向激励，也鼓励绩效较高的被规制企业继续维持、甚至进一步提高绩效水平；二是对标分析应助力于规制机构合理地规制被规制企业的绩效，制定有效的规制政策（WB，2010）。

对标分析在政府规制中体现出以下优势：一是减少信息不对称对政府规制造成的阻碍。规制机构与被规制企业之间存在的信息不对称，是导致“规制失灵”的重要原因。在没有对标分析的情况下，规制机构获取被规制企业真实的绩效水平将非常困难，只能根据被规制企业披露的信息判断其绩效水平制定规制政策，并对低绩效的企业进行“惩罚”。在这样的规制环境中，被规制企业将规避呈现出“低绩效”的信息（FE，2010）。同时，被规制企业也不会披露出“高绩效”的信息，以避免陷入“棘轮效应”中（Laffont 和 Tirole，1988）。对标分析通常基于企业样本构建可比性标杆，通过绩效比较激励被规制企业揭示其自身（接近）真实的绩效水平，独立于被规制企业自身制定规制目标，从而减少、甚至清除不对称信息下的道德风险和逆向选择（FE，2010；Nepal 和 Jamasb，2015）。

二是为被规制企业提供强有力的激励措施。对标分析被视为一种“创造竞争性市场或压力”的手段，相当于在自然垄断的环境中模拟竞争市场的激励机制；在极端的情况下，完全竞争的结果将在受规制的自然垄断环境中产生（Shleifer，1985）。而在激励设计中，通过规制目标制定其动态调整机制，允许企业留存信息租金，进一步强化了激励效果（Nepal 和 Jamasb，2015）。

三是确保被规制企业以公允的方式回收成本和投资。对标分析将被规制企业的实际绩效与企业前沿绩效或社会平均绩效进行比较，衡量被规制企业的（非）效率水平，体现了激励性的社会平均绩效水平（Parker，等，2006）。参照对标分析的结果制定和调整规制政策，企业能够获得社会公允的回报率（Lowry 和 Getachew，2009）。

三、对标分析的方法论概述

对标分析的两个关键问题是：如何衡量被规制企业的绩效和如何构建可比性的标杆。被规制企业的绩效衡量有很多维度，主要包括生产率、价格、财务可持续性、服务质量和效率，其中，效率是最为综合的衡量指标。从构建可比性标杆的技术角度，对标分析方法可分为三种：指数分析方法，如采用偏要素生产率和全要素生产率进行对标；计量分析方法，如随机前沿分析和回归分析，构建前沿的或平均的可比性标杆；数据包络分析方法，构建前沿的可比性标杆。图 8-1 总结了对标分析中被规制企业的绩效衡量指标及相应的可比性标杆构建方法。

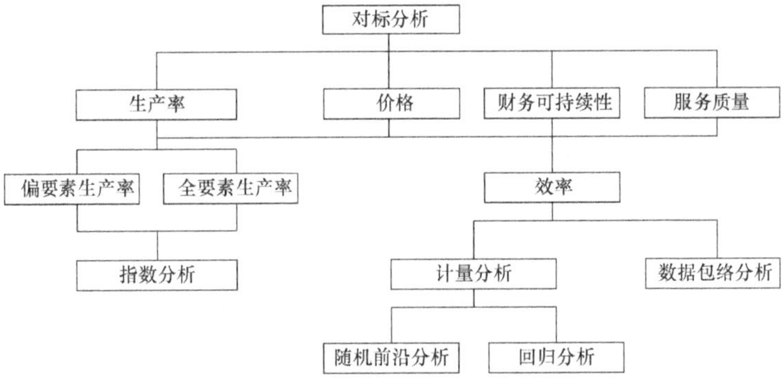

图 8-1　对标分析

(一) 绩效的衡量

可以从多个维度来衡量被规制企业的绩效，主要包括生产率、价格、财务可持续性、服务质量（ACCC，2000）和效率（Carrington，等，2002；Farsi 和 Filippini，2005；Filippini，等，2005）。其中，效率是最为综合的衡量指标。

1. 生产率

生产率用于衡量企业在投入-产出方面的绩效，即将生产要素投入转化为产出（产品或服务）的能力或水平，通常被定义为投入-产出比。生产率可以用偏要素生产率和全要素生产率来衡量。需要指出的是，在企业以所有要素投入进行多种产出的生产活动时，对要素投入和产出的衡量存在困难。

偏要素生产率是将企业的某些产出与其单一的投入要素相关联，如劳动（边际）生产率和资本（边际）生产率。在测度技术上，偏要素生产率比全要素生产率更为简单，但部分生产率的测度含义不甚明确。偏要素生产率的测度困难主要有：一是对企业总产出的测度困难。多产品或多服务生产已是企业生产经营的常态，不同产品或服务的加总，需要进行某种形式的加权。二是某一投入要素的生产率可能受到其他投入要素的影响。在偏要素生产率的测度下，重要的假设是“在其他（生产）条件不变的情况下”，测度某一投入要素的生产率。这一假设在现实中难以成立，例如，企业每个工人的产出上升，可能是因为工人有更多的资本设备可以操作，而不是因为工人在实践中变得更有效率。三是生产率的测度会受到企业产能而非产出的混淆。例如，电信行业中劳动生产率的常用测度指标为每个工人交换接入线路的数量，这一指标更多地测度了电信企业的生产能力而不是服务产出。

在理论上，全要素生产率为衡量企业生产系统中各个投入要素的综合生产率提供了令人满意的解释，但在实际测度中却存在困难。全要素生产率指标依赖企业的总投入和总产出，各投入要素和产出之间需要根据其异质性进行某种方式的加权。全要素生产率也可由技术进步率来刻画。

2. 价格

总体价格水平和价格结构是两个重要的指标。在自然垄断行业，总体价格水平受到企业产出、垄断势力和政府规制的影响，在一定程度上体现为企业回收成本的程度。例如，相对于被规制企业的生产成本，如果允许其得到过高或过低的价格，企业的生产都将会是无效率的。

价格结构一方面与企业的长期边际成本有关，另一方面与消费者剩余相关。例如，价格水平偏离长期边际成本的部分，应按照拉姆齐法则进行定价。

3. 财务可持续性

企业的财务可持续性，通常由其成本回收的程度、盈利能力和收益率来评估。同时，也需要考虑其他大量的因素，如产品或服务的质量。

在私人部门，净利润越高则表明企业的绩效越好，但对于被规制的自然垄断行业、公用事业部门等而言并非如此。首先，财务可持续性指标同时受到企业生产成本和收入的影响，以“盈利能力（净利润）”为例，企业绩效的改善可能由于其生产成本的增加低于收入的增加，或其生产成本的减少高于收入的减少。其次，在生产成本不变的情况下，被规制企业的收入或盈利增加可能是企业绩效改善的表现，例如初始价格水平制定过低，不足以回收企业的生产成本，通过提高价格改善了企业的财务可持续性。但糟糕的情况是，初始价格水平制定已足以回收企业的生产成本，企业盈利能力的提高应被视为其垄断势力增强的表现，表明企业绩效下降。

无论在何种规制价格水平下，企业生产率提高带来的成本降低和财务可持续性的改善，无疑反映了企业绩效的提高。需要指出的是，在考虑企业的财务可持续性时，应该考虑其提供产品或服务的质量。

4. 服务质量

服务质量包括产品本身的质量和各种可靠性指标。产品和服务本身的质量包括电力标准（电压、频率等）、邮递标准（发信和交付之间的时间）、水质（居民自来水的洁净程度）和通信中的语音清晰度等。可靠性指标则包括服务响应时间、电力中断的时长和频次、下水道容量等。

与服务质量相关的议题是过去十余年公用事业改革的重要部分。在考虑服务质量时必须明确，最高标准的服务质量并不一定是最有效的。服务质量的提高将引致企业生产成本、准许价格和收入的提高，而并非所有的消费者都愿意支付享受顶级服务的价格，在二者之间应有所权衡。因此，服务质量的变化不一定仅仅反映企业绩效的上升或下降，也可能反映了消费者需求与企业供给之间更紧密的匹配。

5. 效率

效率是一个相对概念。企业生产效率的提高可能源自两个方面：高效的技术手段和合理的资源配置，分别称为技术效率和配置效率。最简单的效率指标可定义为总生产率，即总投入-总产出比。技术效率，通常由全要素生产率来测度。

针对配置效率，由于偏要素生产率无法将更多的生产条件、环境因素纳入考虑，通常采用基于“距离”函数的效率评估方法，广泛使用的有前沿面分析和数据包络分析。单个企业的非效率由该企业的效率水平与效率前沿之间的“距离”来测度，效率前沿则由最高效的投入-产出计划形成。进一步，测度非效率的“距离”由投入或产出的距离函数来定义，分别形成面向投入或面向产出的效率测度。

（二）标杆的构建

从构建可比性标杆的技术上划分，可分为指数分析方法，如采用偏要素生产率和全要素生产率进行对标；计量分析方法，如随机前沿分析和回归分析，构建前沿的或平均的可比性标杆；以及数据包络分析方法，构建前沿的可比性标杆（Jamasb 和 Pollitt，2001；Coelli，等，2008；Lowry 和 Getachew，2009；Nepal 和 Jamasb，2015）。

1. 指数分析

指数分析是基于企业偏要素生产率或全要素生产率的对标分析方法。如前所述，偏要素生产率的测度涉及单个生产投入要素的生产率，对数据的要求不高，指数计算方便，结果解释简单。通过比较单个企业与其他企业或行业平均的偏要素生产率，其结果能够表明企业之间存在的成本差异，但无法考虑更多与生产相关的因素，如多种投入要素之间的效应。

全要素生产率测度的是企业总投入-总产出比，反映了总体生产率的变化。该方法适用于在一定时期内，衡量单个企业或某一类企业的生产绩效；尤其是在企业样本有限的情况下，测度企业生产率的增长。全要素生产率的测度在数据、信息方面有较高需求，以一定时期内两家及以上企业样本的生产要素投入、产出、价格等为基础。基于全要素生产率的对标分析是将单个企业的全要素生产率与样本企业平均的全要素生产率进行比较。在实践中，奥地利和德国采用全要素生产率对标的方法评估配电企业总体生产率的变化趋势。

2. 计量分析

计量分析方法涉及刻画生产函数或成本函数。以成本函数为例，成本函数体现了企业为实现成本最小化或利润最大化的投入-产出关系。通过对现有的生产条件进行建模，包括要素投入价格、产出数量和企业运营条件等，提供最小化的或具有一般意义的成本函数。基于计量分析技术，有两类构建对标标杆的方法：一是建立企业投入-产出的效率前沿，通常采用随机前沿分析和校正的普通最小二乘估计；二是发现相关企业的平均效率或平均绩效水平，通常采用最小二乘估计。为了更好地构建标杆，在上述估计方法中，逐渐引入了面板数据的估计方法和聚类分析方法（Farsi 和 Filippini，2004；Filippini，等，2005；Farsi，等，2006；Dai 和 Kuosmanen，2014）。

基于企业的真实效率，随机前沿分析能够估计效率前沿，形成对企业而言最具效率的标杆。基于“产出最大化”或“成本最小化”的目标，效率前沿可用生产前沿或成本前沿来表示。与传统的计量分析方法（最小二乘估计等）不同，随机前沿分析致力于估计效率前沿，而不是估计代表性企业或社会平均意义（样本平均）的生产函数或成本函数。而且，通过分解生产效率或成本效率，随机前沿分析可以区分企业的配置效率和技术效率。基于随机前沿分析的对标分析已在德国、芬兰和瑞典等国采用。

矫正的普通最小二乘估计用于提供最小化的成本函数形式，将其估计结果用于样本企业和目标企业，得到各个企业在最小化成本函数下进行生产所需的成本（即“标杆成本”）。比较各企业实际发生的成本和“标杆成本”，二者之间的差异表示企业的生产“非效率”，主要为企业管理上的或某些可控的低效率。矫正的普通最小二乘估计假设，企业的生产“非效率”完全由可控的低效率来解释，因此，建模中不存在与“非效率”相分离的随机误差。在实践中，英国基于矫正的普通最小二乘估计对供水企业和配电企业进行运营成本规制。

与矫正的普通最小二乘估计略有不同，最小二乘估计用于提供代表性企业或社会平均意义（样本平均）的成本函数形式，将其估计结果用于样本企业和目标企业，得到各个企业在平均成本函数下进行生产所需要的成本（即“标杆”）。

上述计量分析技术需要对企业的生产函数或成本函数作出明确的设定，并对随机误差项有明确的分布假设。

3. 数据包络分析

数据包络分析为非参数技术，通过线性模型模拟，而非估计出效率前沿，采用特定企业与效率前沿之间的“距离”定义（非）效率，该“距离”一般由相对于效率前沿的效率得分来测度。数据包络分析的优点是不需要确定生产函数或成本函数的形式，可以与 Malmquist 指数同时使用，衡量特定时点之间企业生产率的变化，并能够计算配置效率和技术效率。此外，数据包络分析作为多输入变量和多输出变量的模拟方法，可以将一些特殊的影响因素，如企业所有权、地理位置、市场环境、政府规制等超过企业自身经营控制范围的影响因素纳入考虑。

但是，由于数据包络分析利用有限的企业样本信息计算效率前沿和效率得分，其结果对输入变量和输出变量较为敏感。一个具体的表现为，相对于效率前沿，具有效率的企业数量往往随着输入变量和输出变量数量的增加而增加。并且，数据包络分析无法对效率测度中的随机误差和随机冲击作出解释。

在实践中，挪威基于数据包络分析制定输配电行业的企业效率标准和收入上限。基于该方法的对标分析也在芬兰、荷兰、德国和奥地利等国家的能源规制中被广泛采用。

4. 方法比较

不同标杆构建方法的技术路线有所不同，表 8-1 显示了各类方法的技术特征，包括技术类型、信息要求和结果处理等方面。从技术类型上划分，指数分析和数据包络分析为非参数方法，计量分析为参数估计方法。从信息要求上看，指数分析中偏要素生产率的测度对数据量的要求最低，采用截面数据进行企业间横向比较，或采用时间序列数据进行单个企业的纵向比较，实现较为容易；而全要素生产率的测度对数据量的要求最高，需要企业生产要素投入和产出的价格和数量等信息，在不同数据结构下，可采用多种方法测度全要素生产率，实现较为复杂。随机前沿分析、回归分析和数据包络分析对数据量的要求中等，可观测样本越多，其结果越有效；这三种方法有特定的技术路线、操作软件（包）可供选择，实现难度不大。

从结果处理上看，随机前沿分析和回归分析将随机误差项视为企业的生产“非效率”，能够从配置效率和技术效率的角度对企业的“非效率”进行分解或解释。在（非）效率的测度上，随机前沿分析、回归分析和数据包络分析通过“距离”或效率得分对企业的（非）效率进行了测度；指数分析方法更多地表明企业之间的成本差异和企业的成本变化。在可比性标杆的构建上，随机前沿分析和数据包络分析提供了效率前沿，全要素生产率和回归分析提供了社会平均意义上的效率水平。从以上比较可以看出，随机前沿分析是最综合、最全面的方法。

表 8-1　各类方法的技术特征

技术特征		指数分析		计量分析		数据包络分析
		偏要素生产率	全要素生产率	随机前沿分析	回归分析	
技术类型		非参数	非参数	参数	参数	非参数
信息要求	数据要求	◇截面数据或时间序列数据 ◇要求最低	◇截面数据或时间序列数据或面板数据 ◇要求最高	◇截面数据或时间序列数据或面板数据 ◇要求中等但需要较多样本	◇截面数据或面板数据 ◇要求中等但需要较多样本	◇截面数据或面板数据 ◇要求中等但需要较多样本
	输入变量	单一	多个	多个	多个	多个
	输出变量	单一	多个	多个	多个	多个
结果处理	随机误差及其分解	无	无	分解“非效率”	分解“非效率”	无
	（非）效率测度	无	无	有	有	有
	效率标杆建立	无	有（平均）	有（前沿）	有（平均）	有（前沿）

资料来源：COELLI T. Benchmarking CAPEX and OPEX in energy networks [R]. Australian Competition and Consumer Commission（ACCC），2012，Working Paper No. 6. NEPAL R，JAMASB T. Incentive regulation and utility benchmarking for electricity network security [J]. Economic Analysis and Policy，2015，48：117-127.

四、对标分析的应用实践

对标分析在政府规制中扮演越来越重要的角色。从全球范围看，欧洲是采用对标分析最为普遍的地区，尤其是英国，以数据包络分析和矫正的普通最小二乘估计为主的对标分析方法与激励性规制方式相辅相成。而在世界其他地区，对标分析在政府规制中的应用较少。我国政府规制中对标分析的应用较为初步。

（一）国际实践

对标分析主要应用于激励性规制的框架下，和上限制规制模式相结合的使用尤为广泛。欧洲是采用对标分析最为普遍的地区，这与该地区普遍采用上限制规制模式有关。特别是英国、挪威和荷兰等国家，将对标分析作为其政府规制决策的明确环节（Lowry 和 Getachew，2009）。英国的电力、天然气、电信、供水和污水处理等行业的资本成本和运营成本规制都采用了对标分析（见表 8-2）。

表 8-2　英国各行业规制中的对标分析实践

行业	对标分析的方法	标杆构建
电力行业	矫正的普通最小二乘估计 全要素生产率	◇ 效率前沿和平均效率水平 国家电网公司（NGC）的电力输送绩效对标于苏格兰电力输送和公共供电企业的效率前沿
天然气行业	普通最小二乘估计 劳动生产率 全要素生产率	◇ 平均效率水平 1998 年及以前：根据英国天然气公司（BG）自身的历史成本数据进行预测，确定成本节约目标 1998 年后：在各地方配气区域内进行对标 资本成本：与美国进行对标
电信行业	早期：一揽子服务指标（如价格指数、服务绩效等）的国际比较 目前：普通最小二乘估计、数据包络分析和随机前沿分析，并采用面板数据	◇ 以平均效率水平为主 早期：主要依赖于英国电信公司（BT）自身的历史成本数据及预测 随着电信行业竞争的充分，采用国内竞争者之间的对标和国际对标两种方式
供水和污水处理行业	早期：数据包络分析 目前：普通最小二乘估计、劳动生产率和全要素生产率	◇ 以效率前沿为主 进行部分国际对标，但主要对标于国内的效率前沿

资料来源：PARKER D，DASSLER T，SAAL D S. Performance benchmarking in utility regulation：Principles and the UK's experience［EB/OL］.（2006-01-01）［2019-12-28］. http://www.doc88.com/p-3087527321067.html.

以英国配电价格核定为例，规制机构采用网络投资模型，评估各企业的投资量以及单位成本，分析每一家配电企业过去为满足负荷增长增加的容量。规制机构对各企业的单位投资成本进行比较，取最低或中等水平的预测值作为基准。各企业向规制机构提供其未来的投资成本预测。规制机构认为，对效率不同的企业，投资成本预测值的认定应有所差别。根据对标分析的结果，效率较高的西方配电公司（WPD公司）和苏格兰南部电力公司（SSE公司）预测的投资成本基本给予认定；而对效率较差的公司，如法国电力公司（EDF公司），批准的投资成本较其预测值低14%，其他企业的投资成本认定下调幅度在10%以内（OFGEM，2009）。对于准许运行成本，规制机构根据各企业报送的预测数据、历史数据，以及比较各企业运行效率的差异（不同配电企业的效率存在较大差异，运行成本绩效分数从128%到70%不等）确定（OFGEM，2009）。

以电力行业规制为例（见表8-3和表8-4），数据包络分析、全要素生产率对标和随机前沿分析是最为常用的对标分析方法（Jamasb和Pollitt，2001；Filippini，等，2005）。荷兰电力规制机构（DTe）和挪威能源规制机构（NVE）都基于数据包络分析的结果，制定输配电企业的准许收入。奥地利和德国采用全要素生产率对标的方法评估配电企业总体生产率的变化趋势。基于随机前沿分析的对标分析已在德国、芬兰和瑞典等国家采用。仅有英国和北爱尔兰采用普通最小二乘估计等回归分析方法。

电力行业规制的对标分析是基于成本的效率对标（见表8-4）。电力行业的运营成本、资本成本和总成本是最为主要的绩效衡量指标，仅有挪威就电力产品及电力供应服务质量进行对标。输送电能量、电力用户数及类别、线路网络长度、用电负荷等是常用影响电力行业成本的主要因素；大多数国家采用多个变量构建可比性标杆，仅有英国采用输送电能量、用户数量、网络长度等三个变量的加权复合变量构建可比性标杆。

对标分析多与激励性规制方式相结合（见表 8-4）。在英国、挪威和荷兰的上限规制下，对标分析为规制机构提供确定价格上限和收入上限的依据，典型如制定效率前沿的移动“距离”和生产效率因子 X。仅有芬兰在收益率规制下采用了对标分析。总体而言，对标分析在激励性规制中主要有以下作用：一是衡量被规制企业的（非）效率水平，作为规制机构奖励或惩罚被规制企业的依据（Farsi 和 Filippini，2005）；二是为规制机构制定和调整规制政策提供依据，尤其是确定价格上限和收入上限的依据（Lowry 和 Getachew，2009；Jamasb 和 Pollitt，2001；Nepal 和 Jamasb，2015）；三是为规制机构提供被规制企业运营成本和资本成本的有效信息，从而减少被规制企业的信息租金（Parker，等，2006）。

北美地区很少将对标分析应用于政府规制。在拉丁美洲，对标分析仅在巴西、玻利维亚和哥伦比亚等少数国家应用于配电行业规制。澳大利亚的 3 个州在配电行业的规制中引入了对标分析，但在尝试了多种方法之后，由于“好的”对标分析模型难以构建，且实施成本超过了由其带来的规制便利，其中 2 个州没有继续应用对标分析（Lowry 和 Getachew，2009）。

表 8-3 部分国家电力行业中可比性标杆的构建方法

<table>
<tr><th colspan="2">方 法</th><th>国 家</th></tr>
<tr><td rowspan="2">指数分析</td><td>偏要素生产率</td><td>—</td></tr>
<tr><td>全要素生产率</td><td>奥地利、英国、加拿大、德国</td></tr>
<tr><td rowspan="3">计量分析</td><td>随机前沿分析</td><td>德国、芬兰、瑞典</td></tr>
<tr><td>矫正的普通最小二乘估计</td><td>英国</td></tr>
<tr><td>普通最小二乘估计</td><td>北爱尔兰</td></tr>
<tr><td colspan="2">数据包络分析</td><td>奥地利、丹麦、芬兰、德国、北爱尔兰、荷兰、挪威、瑞典、巴西、哥伦比亚</td></tr>
</table>

资料来源：JAMASB T，POLLITT M. Benchmarking and regulation：International electricity experience [J]. Utilities Policy，2001，9（13）：107-130.

表 8-4　部分国家电力行业规制中的对标分析实践

国家/地区	规制模式	对标分析				对标分析结果应用
		方法	样本	输入变量	输出变量	
1. 总体情况						
芬兰	支出上限（Expenditure-cap）收益率规制	数据包络分析	—	运营成本	输送的（电）能量 用户数量 网络长度 （能量）中断时长	决策辅助
荷兰	收入上限	数据包络分析	—	运营成本 资本成本 总成本	输送的（电）能量 小用户数量 大用户数量 尖峰需求的低电压 尖峰需求的高电压 网络长度 变压器数量	决策环节
挪威	收入上限	数据包络分析	—	工作时长 网络损耗 资本存量 商品和服务	输送的（电）能量 用户数量 网络长度	决策环节
瑞典	标尺竞争	数据包络分析	—	运营成本 资本成本 网络损耗	输送的（电）能量 用户数量 网络长度 最大功率 气候因素 变压器数量/总装机容量	决策环节

续表

国家/地区	规制模式	对标分析				对标分析结果应用
		方法	样本	输入变量	输出变量	
英国	价格上限	矫正的普通最小二乘估计	—	运营成本	复合变量[输送的(电)能量、用户数量、网络长度]	决策环节
2.配电行业						
英国	价格上限	矫正的普通最小二乘估计	英国的地区配电公司(14个)	运营成本	复合变量(25%输送的电量、50%用户数量、25%网络长度)	决策环节 在2001—2002年,要求高成本的配电公司向效率前沿移动75%
荷兰	收入上限	数据包络分析	荷兰的公用事业企业(19个)	运营成本 资本成本 总成本	输送的(电)能量 小用户数量 大用户数量 尖峰需求的低电压 尖峰需求的高电压 网络长度 变压器数量	决策环节 为单个公用事业企业制定生产效率因子
挪威	收入上限	数据包络分析	国家区域网络和配电公用事业企业(180个)	工作时长 网络损耗 资本存量 商品和服务	输送的(电)能量 用户数量 网络长度	决策环节1998—2001年,收入上限减少了“效率距离”的38.2%

续表

国家/地区	规制模式	对标分析				对标分析结果应用
		方法	样本	输入变量	输出变量	
澳大利亚新南威尔士州	收入上限	数据包络分析 随机前沿分析 全要素生产率	澳大利亚新南威尔士州及其他地区、新西兰、英格兰和威尔士及美国的219个公用事业企业	运营成本	售电量 用户数量 尖峰负荷	“好的”对标分析模型难以构建，对标分析结果不能用于价格制定
3.输电行业						
荷兰	收入上限	数据包络分析	40个国际输电公用事业企业(瑞典、西班牙、英国、德国、美国、挪威、芬兰)	总成本	输送电量 最大同时需量 220kV回路长度 变压器数量和利用效率	决策环节 制定生产效率因子(X=4.2%)
挪威	收入上限	价值链分析(Value Chain Method，VCM)	与瑞典输电公司进行一对一的对标分析	成本：资本成本和运营成本 成本影响因素：线路长度、变压器(站)数量等按权重复合	基于成本和成本影响因素的比值，进行相对效率比较	决策环节 制定效率标准

资料来源：①JAMASB T，POLLITT M. Benchmarking and regulation：International electricity experience[J]. Utilities Policy，2001，9(3)：107-130.

②FILIPPINI M，FARSI M，FETZ A. Benchmarking analysis in electricity distribution[EB/OL].(2005-01-01)[2019-01-01]. http://www.siepweb.it/siep/images/joomd/1401043441525.pdf.

（二）中国应用研究

我国部分地区在政府规制中对被规制企业的绩效指标和其他地区或国家同类企业的相应指标进行了比较。如上海市明确提出了“成本规制管理”的概念，由各行业主管部门牵头负责，会同上海市发展改革委价格主管部门出台各行业的《成本规制管理办法》。2015年底，出台了《上海市管道燃气经营企业成本规制管理办法》（沪建管联〔2015〕838号）；在城市供水和污水处理领域，出台了《上海市供水企业成本规制管理办法》和《上海市污水处理成本规制管理办法（试行）》（沪水务〔2016〕660号）；在电力行业，发布了《输配电成本规制管理报告》。成本规制管理的对象为自然垄断企业；规制管理的内容包括明确成本的构成范围和体系、规定相关成本支出的标准和相关技术参数；主要规制管理的方法为成本和绩效指标对标分析。例如，上海市对城市供水漏损率的规制采取对标国际平均水平（15%）的方式，要求将城市供水漏损率由当前的19%降低到17%①。但由于成本、技术、企业绩效等指标获取有限和可比性基准建立困难，实际运用对标分析的难度仍然较大。

从应用研究的角度出发，韩勇和田闻旭（2011）考虑了影响电网企业成本的四个主要因素，分别为线路长度、变电容量、最高负荷和售电量。在假设规模报酬不变的情况下，将四个变量按一定的权重处理为一个复合变量，采用回归方法构建社会平均意义（样本平均）上的运营成本曲线或运营成本函数，作为绩效标准。最后，将各个电网企业的实际运营成本与其对应的社会平均运营成本（即可比性标杆）进行对标。相对于实践中普遍采用的绩效指标或成本指标的简单比较，我国已开始进行对标分析的初步探索。

---

① 资料来源：实地调研数据。

五、对标分析应用的相关建议

应用对标分析面临构建合适的对标分析模型困难、企业绩效水平排序有偏、数据可得性受限等挑战。为了使对标分析更好地服务于政府规制，发挥其在自然垄断行业价格规制中的作用，笔者提出以下建议：加强规制数据库建设，重视对标分析模型的构建和完善，实现规制数据与模型构建的动态优化，明确对标分析的用途，建立多维度的对标分析口径。

（一）应用对标分析面临的挑战

首先，一步到位构建合适的对标分析模型是困难的。面对多种多样的对标分析方法和结果，规制机构和研究者都难以通过规范研究确定某种模型和技术能够合理、准确地反映企业的真实绩效水平（Shuttleworth，2005）。研究结果表明，单一企业的绩效估计对所选取的建模方法非常敏感；虽然社会平均意义上的绩效估计对回归估计方法的选取并不敏感，但据此进行的企业绩效排名在各模型中差异很大（Jamasb 和 Pollitt，2003；Estache，等，2004；Farsi 和 Filippini，2004）。对标分析结果依赖于所采用的模型和技术，对政府规制政策及相关参数的制定有重要影响（Farsi 和 Filippini，2004；Cullmann，2012），进行多维度的模型评估、多种方法的模型稳健性检验和敏感性分析是必要的。

其次，可能面临有偏的企业绩效水平排序（Parker，等，2006）。尽管可采用多种方法来估计企业的绩效水平，以确保估计结果的可靠，但规制机构往往需要明确一种方法及相应的结果、结合其经验来制定规制目标，以致可能产生有偏的结果。被规制企业也通常对规制机构的对标分析提出挑战，如绩效衡量指标的准确性、估计模型选取的适当性、绩效估计结果的可靠性和规制目标制定的合理性等。也有研究认为，企业的实际绩效水平与可比性标杆之间的差距被解释为“非效率”，并要求企业进行改进是不恰当的，这种差距可能只是估计技术中无法解释的残差项（Shuttleworth，2005）。

最后，对标分析受到数据可得性的挑战。采用独立于被规制企业的外部信息是对标分析的一个亮点，但在实践中，数据可得性广受诟病。一方面，使用质量较差的数据和变量，包括变量定义模糊、数据缺失、数据受特定条件或环境的影响较大、数据和变量的选取经验不足等，将影响对标分析的结果（Lowry 和 Getachew，2009）。另一方面，某些不可观测的或是太复杂而无法进行量化的特定因素，诸如企业的区位条件（山川、河流等）和技术特征（电缆和线路的特性、注入点等），可能对企业的生产运营产生影响，却无法纳入模型（Cullmann，2012）。从英国的经验来看，数据可得性还在很大程度上左右了对标分析方法的选取（Parker，等，2006）。

（二）应用对标分析的相关建议

对标分析作为政府规制的辅助，应用时需要格外谨慎。为使规制机构能够更好地应用对标分析，特别是发挥对标分析在我国网络型自然垄断环节价格规制中的作用，笔者提出以下建议：

一是加强规制数据库建设。充分认识基础数据对提高政府规制效率和治理能力的重要性。对标分析的技术手段和估计结果都与可得的数据质量密切相关。规制机构应建立有效的国内外数据挖掘、报送、收集和整理机制，主要工作包括通过标准化机制开发国内数据的报送平台、通过正式渠道广泛获取国外相关数据、通过专业化手段整理和处理已获得的数据信息等。

二是重视对标分析模型的构建和完善。在对标分析中，两个关键的问题是：如何衡量被规制企业的绩效和如何构建可比性标杆。被规制企业的绩效衡量有很多维度，主要包括生产率、价格、财务可持续性、服务质量和效率等，其中，效率是最为综合的衡量指标。在对标分析模型的选取中，应考虑数据可得性、模型适用性、结果稳健性、建模透明性、效率激励程度、是否与规制制度框架相一致及实施成本等方面（FE，2010）。由于一步到位构建“好的”对标分析模型较为困难，规制机构不应局限于特定的技术方法。在每一种政府规制的环境下，都应采用多种对标分析方法，进行稳健性检验和敏感性分析，从而提高对标分析结果的一致性和可靠性。在对标分析的过程中，规制机构与企业在公开透明的基础上进行对标分析方法、数据、变量等细节的磋商；在对标分析结果公开后，广泛征求社会各界的意见。基于公开透明的机制，一方面确保规制机构评估的独立性，另一方面也推动政府规制在方法论和技术细节上的进步。

三是实现规制数据与模型构建的动态优化。在初始阶段，根据现有基础数据引入适用的对标分析模型。随着规制要求和规制效率的提高，进一步采用对标分析将提出更为精细的数据需求，这为规制数据库的升级指出了方向。而更高质量的规制基础数据支撑了对标分析模型的进一步完善，从而实现“规制数据库-对标分析模型”的相互促进和动态优化。

四是明确对标分析的用途。对标分析可以为规制机构在复杂多变的环境中提供较为理性的决策依据（Jamasb 和 Pollitt，2001）。既可应用于周期性价格核定时具体参数的确定，也可应用于周期间企业投资情况、运行成本的跟踪监测和绩效评估，为下一周期核定价格提供基础。需要指出的是，规制机构在对标分析中使用的数据、模型和结果拥有自由裁量权，这要求规制机构具备较强的治理能力。也因为此，建议对标分析首先在政府规制激励强度较高、规制方式成熟、规制经验丰富、规制成效明显的行业和地区进行探索。

五是建立多维度的对标分析口径。由于各行业和地区政府规制的差异性，对标分析可依据其规制要求而用于多个口径。从对标指标上划分，可用于被规制企业的整体绩效和部分经济行为绩效的评估和比较，如企业的总成本、投资成本、运行成本等。从可比性标杆上划分，被规制企业的实际绩效可与社会平均的绩效水平，或社会前沿的绩效水平进行比较。从对标分析的样本上划分，可在同一地区和跨地区的同行业企业之间、跨行业性质相似的企业之间进行横向比较；也可就同一地区、行业和企业自身的绩效水平进行纵向比较。

（执笔：郭琎）

参考资料目录

[1] Australian Competition and Consumer Commission (ACCC). Incentive regulation, benchmarking and utility performance [EB/OL]. (2000-11-01) [2019-12-01]. https://www.accc.gov.au/system/files/November%202000%20-%20Incentive%20Regulation,%20Benchmarking%20and%20Utility%20Performance.pdf.

[2] BARON D, MYERSON R. Regulating a Monopolist with Unknown Costs [J]. Econometrica, 1982, 50 (4): 911-930.

[3] CARRINGTON R, COELLI T, GROOM E. International benchmarking for monopoly price regulation: The case of Australian gas distribution [J]. Journal of Regulation Economics, 2002, 21 (2): 191-216.

[4] COELLI T. Benchmarking CAPEX and OPEX in energy networks [R]. Australian Competition and Consumer Commission (ACCC), 2012, Working Paper No. 6.

[5] 蒂莫西·J. 科埃利，D. S. 普拉萨德·拉奥，克里斯托德·J. 奥唐奈，等. 效率与生产率分析引论：第二版 [M]. 王忠玉，译. 北京：中国人

民大学出版社，2008.

[6] CULLMANN A. Benchmarking and firm heterogeneity：A latent class analysis for German electricity distribution companies [J]. Empirical Economics，2012，42 (1)：147-169.

[7] DAI X，KUOSMANEN T. Best-practice benchmarking using clustering methods：Application to energy regulation [J]. Omega，2014，42 (1)：179-188.

[8] ESTACHE A，ROSSI M A，RUZZIER C A. The case for international coordination of electricity regulation：Evidence from the measurement of efficiency in South America [J]. Journal of Regulatory Economics，2004，25 (3)：271-295.

[9] FARSI M，FILIPPINI M. Regulation and measuring cost efficiency with panel data models：Application to electricity distribution utilities [J]. Review of Industrial Organization，2004，25 (1)：1-19.

[10] FARSI M，FILIPPINI M. A Benchmarking Analysis of Electricity Distribution Utilities in Switzerland，CEPE Working paper series 05-43，CEPE Center for Energy Policy and Economics，ETH Zurich [EB/OL]. (2005-01-01) [2019-02-01]. https://ideas. repec. org/p/cee/wpcepe/05-43. html.

[11] FARSI M，FILIPPINI M，GREENE W. Application of panel data models in benchmarking analysis of the electricity distribution sector [J]. Annals of Public and Cooperative Economics，2006，77 (3)：271-290.

[12] FILIPPINI M，FARSI M，FETZ A. Benchmarking analysis in electricity distribution [EB/OL]. (2005-01-01) [2019-01-01]. http://www. siepweb. it/siep/images/joomd/1401043441525. pdf.

[13] Frontier Economics (FE). RPI-X@20: The future role of benchmarking in regulatory reviews. A Final Report Prepared for OFGEM [EB/OL]. (2010-05-01) [2019-03-01]. https://www. ofgem. gov. uk/ofgem-publications/52023/rpt-benchmarkingpdf.

[14] JAMASB T, POLLITT M. Benchmarking and regulation: International electricity experience [J]. Utilities Policy, 2001, 9 (3): 107-130.

[15] JAMASB T, POLLITT M. International benchmarking and regulation: An application to European electricity distribution utilities [J]. Energy Policy, 2003, 31 (15): 1609-1622.

[16] LAFFONT J J, TIROLE J. The dynamics of incentive contracts [J]. Econometrica, 1988, 56 (5): 1153-1175.

[17] LOWRY M N, GETACHEW L. Statistical benchmarking in utility regulation: Role, standards and methods [J]. Energy Policy, 2009, 37 (4): 1323-1330.

[18] MARQUES R C, SIMOES P, PIRES J S. Performance benchmarking in utility regulation: The worldwide experience [J]. Polish Journal of Environment Study, 2011, 20 (1): 125-132.

[19] NEPAL R, JAMASB T. Incentive regulation and utility benchmarking for electricity network security [J]. Economic Analysis and Policy, 2015, 48: 117-127.

[20] OFGEM. Electricity Distribution Price Control Review Final Proposals [EB/OL]. (2009-12-07) [2020-03-01]. https://www. ofgem. gov. uk/sites/default/files/docs/2009/12/fp_1_core-document-ss-final_0. pdf.

[21] PARKER D, DASSLER T, SAAL D S. Performance benchmarking in utility regulation: Principles and the UK's experience [EB/OL]. (2006-

01-01)［2019-12-28］. http://www.doc88.com/p-3087527321067.html.

［22］SHLEIFER A. A theory of yardstick competition［J］. Rand Journal of Economics，1985，16（3）：319-327.

［23］SHUTTLEWORTH G. Benchmarking of electricity networks：Practical problems with its use for regulation［J］. Utilities Policy，2005，13（4）：310-317.

［24］Benchmarking Local government performance on rural sanitation：learning form Himachal Pradesh，India［R］. World Bank（WB），2010.

［25］韩勇，田闻旭. 电网成本的对标分析方法［J］. 华东电力，2011，39（05）：690-692.

［26］李三希. 新规制经济学及其在中国的应用前景［N］. 中国社会科学报，2014-11-19（A07）.

［27］毛新蕾. 对于同业对标工作的思考［J］. 华东电力，2008（03）：111-113.

ISBN 978-7-5182-1253-8
9 787518 212538 >
定价：48.00 元